もくじ

英語6年
光村図書版
Here We Go!

教科書ぴったりトレーニング
▶3分でまとめ動画

トラック トラック のついているところと、各付録の音声は、右のQRコード、または専用の「ポケットリスニング」のアプリから聞くことができます。
「ポケットリスニング」について、くわしくは表紙の裏をご覧ください。
https://www.shinko-keirin.co.jp/shinko/listening-pittari_training/

スピーキングアプリ のついているところは専用の「ぴたトレスピーキング」のアプリで学習します。
くわしくは97ページをご覧ください。

ぴったり1 準備

3分でまとめ

アルファベットを学ぼう 大文字

学習日 月 日

アルファベット 大文字

きき卜リ 音声でアルファベットの音を聞いて、後に続いて言ってみましょう。 トラック0

□ A《エイ》 □ B《ビー》 □ C《スィー》 □ D《ディー》 □ E《イー》

 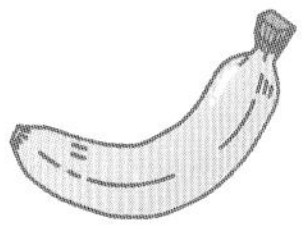   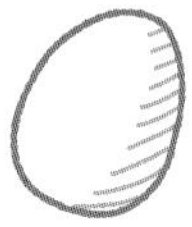

□ F《エフ》 □ G《ジー》 □ H《エイチ》 □ I《アイ》 □ J《ジェイ》

□ K《ケイ》 □ L《エル》 □ M《エンム》 □ N《エンヌ》 □ O《オウ》

 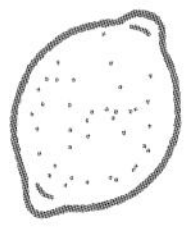  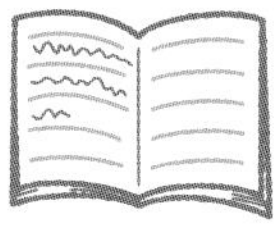 

□ P《ピー》 □ Q《キュー》 □ R《アール》 □ S《エス》 □ T《ティー》

□ U《ユー》 □ V《ヴィー》 □ W《ダブリュー》 □ X《エクス》 □ Y《ワイ》 □ Z《ズィー》

☑ 発音したらチェック

ぴったり2

練習

学習日　　月　　日

※アルファベットの書き順は目安です。
※この本では英語の発音をよく似たカタカナで表しています。
めやすと考え、音声で正しい発音を確かめましょう。

かきトリ 声に出して文字をなぞった後、自分で2回ぐらい書いてみましょう。 できたらチェック！ 書く 話す

① A
② B
③ C
④ D
⑤ E
⑥ F
⑦ G
⑧ H
⑨ I
⑩ J
⑪ K
⑫ L
⑬ M
⑭ N
⑮ O
⑯ P
⑰ Q
⑱ R
⑲ S
⑳ T
㉑ U
㉒ V
㉓ W
㉔ X
㉕ Y
㉖ Z

ヒント
大文字は、一番上の線から３番目の線までの間に書くよ。

ぴったり1 準備

アルファベットを学ぼう
小文字

学習日　月　日

アルファベット　小文字

ききトリ　アルファベットをリズムに乗って言ってみましょう。　トラック0

□ a《エイ》

□ b《ビー》
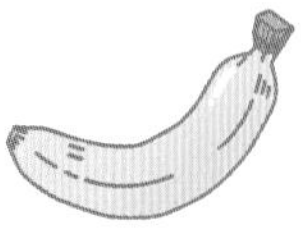
□ c《スィー》

□ d《ディー》

□ e《イー》
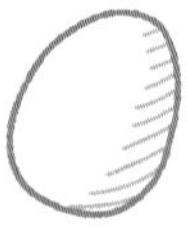

□ f《エフ》

□ g《ジー》

□ h《エイチ》

□ i《アイ》

□ j《ジェイ》

□ k《ケイ》

□ l《エル》
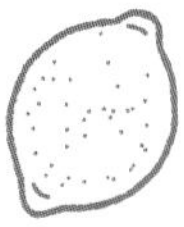
□ m《エンム》

□ n《エンヌ》

□ o《オウ》

□ p《ピー》

□ q《キュー》

□ r《アール》

□ s《エス》
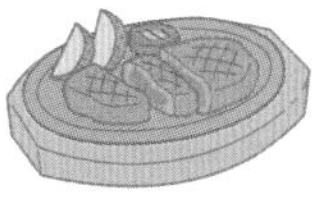
□ t《ティー》

□ u《ユー》

□ v《ヴィー》

□ w《ダブリュー》

□ x《エクス》

□ y《ワイ》

□ z《ズィー》

☑発音したらチェック

ぴったり2

練習

学習日　　月　　日

※アルファベットの書き順は目安です。
※この本では英語の発音をよく似たカタカナで表しています。
めやすと考え、音声で正しい発音を確かめましょう。

かきトリ　声に出して文字をなぞった後、自分で2回ぐらい書いてみましょう。　できたらチェック！　書く　話す

① a

② b

③ c

④ d

⑤ e

⑥ f

⑦ g

⑧ h

⑨ i

⑩ j

⑪ k

⑫ l

⑬ m

⑭ n

⑮ o

⑯ p

⑰ q

⑱ r

⑲ s

⑳ t

㉑ u

㉒ v

㉓ w

㉔ x

㉕ y

㉖ z

ヒント

bとdのように、形の似《に》ているアルファベットがいくつかあるね。

★英語を書くときのルール★

英語を書くときは、日本語とはちがうルールがいくつかあります。
次からのページで英語を書くときは、ここで学ぶことに気をつけましょう。

① 単語《たんご》の中の文字どうしはくっつけて書き、単語どうしははなして書く！

Good morning. I'm Saori.

Goodのように、1文字1文字がはなれないようにしよう。

↑ 単語と単語の間は、少しあけるよ。
↑ 文と文の間は、1文字程度あけるよ。

② 文の最初《さいしょ》の文字は大文字で書く！

Good morning.

× good morning.

Yes, I do.

I は文のどこでも大文字だよ。

▶以下《いか》のような単語は文のどこでも大文字で始めます。

人の名前	国名	地名
Olivia	Japan	Osaka

③ 文の終わりにはピリオド（.）をつける！

Nice to meet you.

Good idea!

強調するときなどに使うエクスクラメーションマーク（!）をつけるときは ピリオドはなくてよいよ。

④ たずねる文の終わりには、ピリオドのかわりにクエスチョンマーク（?）をつける！

How are you?

× How are you.

⑤ 単語の間にはコンマ（,）をつけることがある！

Yes, it is.

Yes や No のあとにはコンマ（,）を入れるよ。

★数字を表す英語のルール★

トラック0

ものの個数や値段《ねだん》、年れいを表す数字と、日づけなどに使う数字の２通りを知っておきましょう。

ものの個数や値段、年れいを表す数字

1 one	2 two	3 three	4 four	5 five
6 six	7 seven	8 eight	9 nine	10 ten
11 eleven	12 twelve	13 thirteen	14 fourteen	15 fifteen
16 sixteen	17 seventeen	18 eighteen	19 nineteen	20 twenty
21 twenty-one	22 twenty-two	23 twenty-three	24 twenty-four	25 twenty-five
26 twenty-six	27 twenty-seven	28 twenty-eight	29 twenty-nine	30 thirty
40 forty	50 fifty	60 sixty	70 seventy	80 eighty
90 ninety	100 one hundred			

（例）　three apples（3つのりんご）

日づけを表す数字

1st first	2nd second	3rd third	4th fourth	5th fifth	6th sixth	7th seventh
8th eighth	9th ninth	10th tenth	11th eleventh	12th twelfth	13th thirteenth	14th fourteenth
15th fifteenth	16th sixteenth	17th seventeenth	18th eighteenth	19th nineteenth	20th twentieth	21st twenty-first
22nd twenty-second	23rd twenty-third	24th twenty-fourth	25th twenty-fifth	26th twenty-sixth	27th twenty-seventh	28th twenty-eighth
29th twenty-ninth	30th thirtieth	31st thirty-first				

（例）　My birthday is April 1st.
（わたしの誕生日《たんじょうび》は4月1日です。）

Unit 1 This is me. ①

3分でまとめ

学習日　　月　　日

めあて 世界の国の名前を英語で言い、出身地を伝えよう。

教科書 16〜17ページ

出身国のたずね方 / 答え方

ききトリ 音声を聞き、声に出してみましょう。　トラック1〜2

せつめい たずねる Where are you from? で、「あなたはどこの出身ですか。」とたずねることができます。

こたえる 「わたしは〜出身です。」と答えるときは、I'm from 〜 . で表します。「〜」には、国名や都市名を入れます。

ききトリ 音声を聞き、英語の言葉を言いかえて、文を読んでみましょう。　トラック3〜4

Where are you from?

I'm from the U.S .

ワンポイント 国名や都市名は大文字で始めるよ。

いいかえよう 国名を表す英語

□Brazil（ブラジル）

□Russia（ロシア）

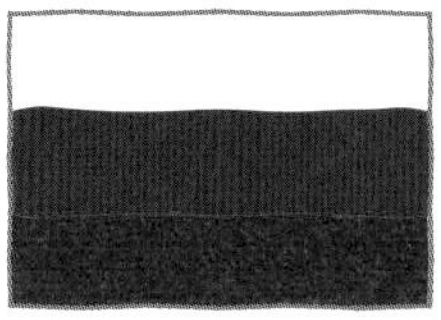

□the U.K.（イギリス）

□Germany（ドイツ）

□New Zealand（ニュージーランド）

□the Philippines（フィリピン）

□Australia（オーストラリア）

□China（中国）

小冊子のp.4〜5で、もっと言葉や表現を学ぼう！

ぴったり2

練習

学習日　月　日

ぴったりクイズ 答えはこのページの下にあるよ！

「アメリカ合衆国《がっしゅうこく》」を表すthe U.S.は、言葉が省略されているよ。省略せずに言うと、何と言うか分かるかな。

教科書　16～17ページ

かきトリ　英語をなぞり、声に出してみましょう。

できたらチェック！　書く　話す

□アメリカ合衆国
the U.S.

□ブラジル
Brazil

□ニュージーランド
New Zealand

□イギリス
the U.K.

□ドイツ
Germany

□ロシア
Russia

□フィリピン
the Philippines

□オーストラリア
Australia

□中国
China

□あなたはどこの出身ですか。
Where are you from?

□わたしはアメリカ合衆国出身です。
I'm from the U.S.

□わたしは日本出身です。
I'm from Japan.

ヒント
国や、都市の名前は、
大文字で書き始めるよ。

▶読み方が分からないときは、左ページにもどって音声を聞いてみましょう。

やりトリ　自分の出身地を書いて、声に出してみましょう。

できたらチェック！　書く　話す

Where are you from?

I'm from ＿＿＿＿＿＿＿＿.

つたえるコツ
I'm from ～.の「～」の部分が、相手の知りたいことだね。この部分をしっかり聞こえるように言おう。

▶あてはめる英語は、左のページや付録の小冊子、教科書や辞書などから探してみよう！

答える練習ができたら、次は誰かに質問してみよう！

ぴったりクイズの答え
the U.S.は、the United Statesを省略したものだよ。他に、the U.S.A.という言い方もあるね。これはthe United States of Americaを省略した言い方だよ。

Unit 1 This is me. ②

学習日　月　日

めあて

好きな人物やキャラクターになったつもりで、出身国や、住んでいる所を伝え合おう。

教科書 16～17ページ

出身国や住んでいる所の伝え方

ききトリ 音声を聞き、声に出してみましょう。 トラック5～6

I'm《アイム》 from《フラム》 Iwate《イワテ》, Japan《ジャパン》. I《アイ》 live《リヴ》 in《イン》 the《ザ》 U.S.《ユーエス》

わたしは日本の岩手出身です。わたしはアメリカ合衆国《がっしゅうこく》に住んでいます。

I'm《アイム》 a《ア》 baseball《ベイスボール》 player《プレイア》.

わたしは野球選手です。

せつめい　つたえる　I'm from ～. の「～」に＜地域名，国名＞を入れて、「わたしは、～(国)の～(地域)出身です。」と伝えることができます。

I live in ～. で「わたしは～に住んでいます。」と伝えることができます。「わたしは～です。」はI'm a ～.で表します。ここの「～」には職業を表す言葉などを入れます。

ききトリ 音声を聞き、英語の言葉を言いかえて、文を読んでみましょう。 トラック7～10

I'm from **Iwate, Japan** . I live in **the U.S** .

いいかえよう　国名を表す英語

□Japan（日本）
□India（インド）
□Finland（フィンランド）
□the U.S.（アメリカ合衆国）
□Singapore（シンガポール）
□Thailand（タイ）
□France（フランス）
□Egypt（エジプト）
□Canada（カナダ）

I'm **a baseball player** .

いいかえよう　職業を表す英語

□a soccer player
（サッカー選手）

□a teacher
（教師）

□a chef
（料理人）

□a manga artist
（まんが家）

□an artist
（芸術家）

□an actor
（俳優《はいゆう》）

ワンポイント

I'm ～.の「～」には、職業を表す言葉のほかに、cool（かっこいい）やpopular（人気がある）など、様子を表す言葉を入れてもいいよ。

小冊子のp.22～23で、もっと言葉や表現を学ぼう！

ぴったり2 練習

学習日　　月　　日

? ぴったりクイズ　答えはこのページの下にあるよ！

「～する人」を表すとき、「er」「ist」「or」などが言葉の最後についていることが多いよ。では「ピアニスト」はどう表すかな。

教科書　16～17ページ

かきトリ　英語をなぞり、声に出してみましょう。　できたらチェック！　書く　話す

□サッカー選手
a soccer player

□教師
a teacher

□料理人
a chef

□まんが家
a manga artist

□芸術家
an artist

□俳優
an actor

□わたしは日本の岩手出身です。
I'm from Iwate, Japan.

□わたしはアメリカ合衆国《がっしゅうこく》に住んでいます。
I live in the U.S.

□わたしは野球選手です。
I'm a baseball player.

ヒント
I' m from Iwate の後に国名を書くときはコンマ「,」があるよ。忘れないようにしよう。

▶読み方が分からないときは、左ページにもどって音声を聞いてみましょう。

やりトリ　自分の住んでいるところを書いて、声に出してみましょう。　できたらチェック！　書く　話す

I live in ______________.

つたえるコツ
I live inのあとは、「県名」→「国名」の順番になるよ。小さいまとまりから言うんだね。

▶あてはめる英語は、左のページや付録の小冊子、教科書や辞書などから探してみよう！

練習ができたら、次は誰かに伝えてみよう！

ぴったりクイズの答え　「ピアニスト」はpianistと表すよ。piano（ピアノ）に「～する人」を表す「ist」がついた形だね。

ぴったり3 確かめのテスト

Unit 1
This is me. ①〜②

時間30分

/100

合格80点

教科書 16〜17ページ　答え 2ページ

1 音声の内容に合う国名を下の㋐〜㋒から選び、(　　)に記号を書きましょう。 トラック11

技能　1問5点(10点)

㋐ the Philippines

㋑ Russia

㋒ the U.K.

(1) (　　　　)　(2) (　　　　)

2 音声を聞き、それぞれの人物と出身国を、線で結びましょう。 トラック12

1問10点(40点)

(1)

Maria

(2)

John

(3)

Lisa

(4)

Jack

Canada

India

France

Australia

ふりかえり ②が分からないときは、8ページにもどって確認《かくにん》しよう。

学習日　月　日

3 日本文に合う英語の文になるように、［　］の中から語句を選び、［　］に書き、文全体をなぞりましょう。文の最初の文字は大文字で書きましょう。

1問完答で10点(30点)

(1) あなたはどこの出身ですか。

［　　　　］ are you from?

(2) ((1)に答えて)わたしはドイツ出身です。

I'm ［　　　　］ ［　　　　］.

(3) わたしはニュージーランドに住んでいます。

I ［　　　　］ in ［　　　　］.

Germany　New Zealand　where　live　from

4 男の子が自己紹介《しょうかい》のスピーチをします。絵の内容に合うように、［　］の中から文を選び、［　］に書きましょう。

思考・判断・表現　1問10点(20点)

Hi. I'm Kevin.

(1)出身地

(2)住んでいる所

(1) ＿＿＿＿＿＿＿＿

(2) ＿＿＿＿＿＿＿＿

I live in the U.K.　I'm from Brazil.
I'm from the U.S.　I live in China.

Unit 1
This is me. ③

3分でまとめ

学習日　　月　　日

めあて
興味のあることを伝え合おう。

教科書 18〜19ページ

興味のあることの伝え方

ききトリ 音声を聞き、声に出してみましょう。　トラック13〜14

I'm《アイム》 interested《インタレスティッド》 in《イン》 dancing《ダンスィング》.
わたしはおどることに興味があります。

せつめい **つたえる** I'm interested in ～. で、「わたしは～に興味があります。」と伝えることができます。「～」には、興味のある「もの」や「こと」を表す言葉を入れます。興味のあることが「～すること」のときは、**dancing**（おどること）や**cooking**（料理をすること）のように、～**ing**の形になります。

ききトリ 音声を聞き、英語の言葉を言いかえて、文を読んでみましょう。　トラック15〜16

I'm interested in dancing .

いいかえよう

□Japanese art
（日本美術）

□Japanese food
（日本の食べ物）

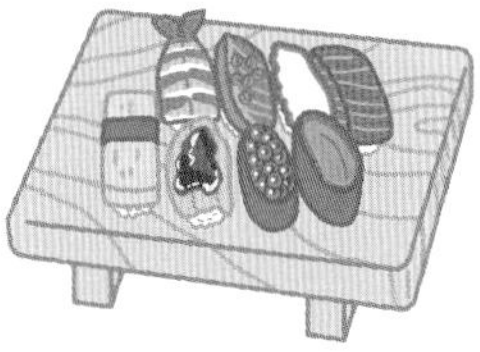

□soccer
（サッカー）

□sports
（スポーツ）

□judo
（柔道《じゅうどう》）

□singing
（歌うこと）

□cooking（料理をすること）
□fishing（つりをすること）
□playing the piano（ピアノをひくこと）

これを知ったらワンダフル！
I'm interested in English.（わたしは英語に興味があります。）のように、教科を入れてもいいよ。

ワンポイント
～ingの言葉の読み方に気をつけよう。

ぴったり2

練習

学習日　　月　　日

ぴったりクイズ 答えはこのページの下にあるよ！

外国でレストランに行って、「照り焼き」がほしいとき、英語で何と言えばいいか分かるかな。

教科書　18～19ページ

がきトリ　英語をなぞり、声に出してみましょう。

できたらチェック！　書く □　話す □

□日本美術
Japanese art

□日本の食べ物
Japanese food

□サッカー
soccer

□スポーツ
sports

□柔道
judo

□歌うこと
singing

□料理をすること
cooking

□つりをすること
fishing

□ピアノをひくこと
playing the piano

□わたしはおどることに興味があります。
I'm interested in dancing.

□わたしはサッカーに興味があります。
I'm interested in soccer.

▶読み方が分からないときは、左ページにもどって音声を聞いてみましょう。

やりトリ　自分の興味のあることを書いて、声に出してみましょう。

できたらチェック！　書く □　話す □

I'm interested in ＿＿＿＿＿＿.

つたえるコツ

声に出したときの語と語の間にも気をつけてみよう。つなげて言うところもあるよ。

▶あてはめる英語は、左のページや付録の小冊子、教科書や辞書などから探してみよう！

練習ができたら、次は誰かに伝えてみよう！

ぴったりクイズの答え　照り焼きは英語でもteriyaki(テリヤキ)だよ。ほかにも、tempura(天ぷら)など日本の食べ物の名前がそのまま英語になっているものがあるよ。調べてみてね。

ぴったり1 準備

Unit 1
This is me. ④

学習日　月　日

めあて
得意なことを伝え合おう。

教科書　18～19ページ

得意なことの伝え方

きき**トリ** 音声を聞き、声に出してみましょう。　トラック17～18

I'm《アイム》 good《グッド》 at《アト》 cooking《クッキング》.
わたしは料理をすることが得意です。

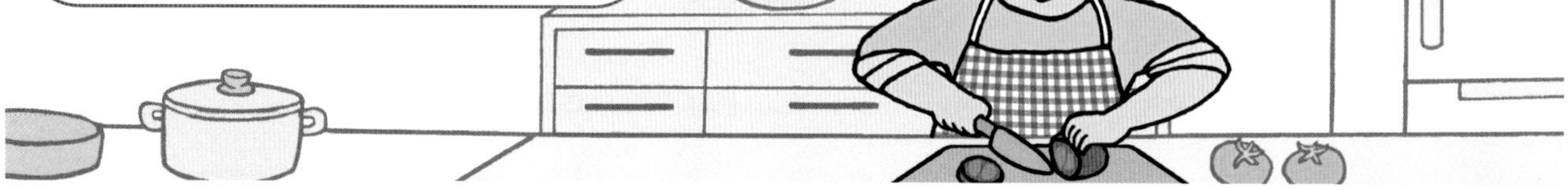

せつめい　つたえる　I'm good at ～.で、「わたしは～が得意です。」と伝えることができます。「～」には、得意な「もの」や「こと」を表す言葉を入れます。得意なことが「～すること」のときは、cooking(料理をすること)のように～ingの形になります。

きき**トリ** 音声を聞き、英語の言葉を言いかえて、文を読んでみましょう。　トラック19～20

I'm good at **cooking** .

いいかえよう　「～すること」を表す英語

□running
(走ること)

□singing
(歌うこと)

□swimming
(泳ぐこと)

□drawing pictures
(絵をかくこと)

□making sweets
(おかしを作ること)

□playing video games
(テレビゲームをすること)

ワンポイント
I'm good at ～.の「～」には、sports(スポーツ)やEnglish(英語)など、「こと」や「もの」を表す言葉を入れてもいいよ。

ぴったり2

練習

学習日　　月　　日

ぴったりクイズ 答えはこのページの下にあるよ！

「わたしは～が得意です。」はI'm good at ～.と言うね。じゃあ、「わたしは～が得意ではありません。」は何と言うか分かるかな。

教科書　18～19ページ

かきトリ　英語をなぞり、声に出してみましょう。

できたらチェック！　書く □　話す □

□料理をすること
cooking

□走ること
running

□歌うこと
singing

□泳ぐこと
swimming

□おかしを作ること
making sweets

□絵をかくこと
drawing pictures

□テレビゲームをすること
playing video games

□わたしは料理をすることが得意です。
I'm good at cooking.

□わたしは絵をかくことが得意です。
I'm good at drawing pictures.

ヒント
～ingの形にするときの書き方に気をつけよう。runningはnを2つ、swimmingはmを2つ書くよ。

▶読み方が分からないときは、左ページにもどって音声を聞いてみましょう。

やりトリ　自分の得意なことを書いて、声に出してみましょう。

できたらチェック！　書く □　話す □

I'm good at ＿＿＿＿＿＿＿＿.

つたえるコツ
慣れてきたら、得意なことを言ったあとに、少しくわしく「できること」も伝えてみよう。I can ～.「わたしは～することができます。」という表現が使えるよ。

▶あてはめる英語は、左のページや付録の小冊子、教科書や辞書などから探してみよう！

練習ができたら、次は誰かに伝えてみよう！

ぴったりクイズの答え
「わたしは～が得意ではありません。」はI'm not good at ～.で表すことができるよ。例えば、「わたしは走ることが得意ではありません。」はI'm not good at running.と言うよ。

ぴったり3

確かめのテスト

Unit 1
This is me. ③～④

時間 30 分

／100

合格 80 点

教科書 18～19ページ　答え 3ページ

1 音声の内容に合う絵を下の㋐～㋒から選び、(　　)に記号を書きましょう。

トラック21

技能　1問5点(10点)

㋐

㋑

㋒

(1) (　　　　　)　(2) (　　　　　)

2 音声を聞き、それぞれの内容に合う絵を線で結びましょう。

トラック22

1問10点(40点)

(1)　(2)　(3)　(4)

Yuki

Jack

Lisa

Sho

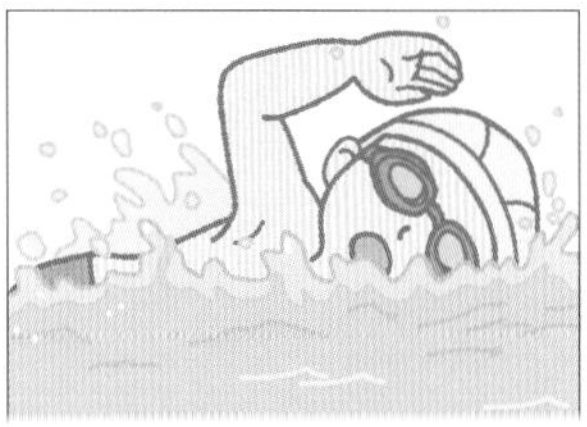

ふりかえり　**2**が分からないときは、14、16ページにもどって確認《かくにん》しよう。

学習日　月　日

3 日本文に合う英語の文になるように、[　　]の中から語を選び、[　　]に書き、文全体をなぞりましょう。２回使う語もあります。

1問完答で10点(30点)

(1) わたしは走ることに興味があります。

I'm [　　　　] in [　　　　].

(2) わたしはおどることが得意です。

I'm [　　　　] at [　　　　].

(3) わたしはサッカーが得意です。

I'm [　　　　] at [　　　　].

dancing　　soccer　　interested　　running　　good

4 男の子が得意なことや興味のあることを話しています。絵の内容に合うように、[　　]の中から文を選び、[　　]に書きましょう。

思考・判断・表現　1問10点(20点)

Hello. I'm Jack.

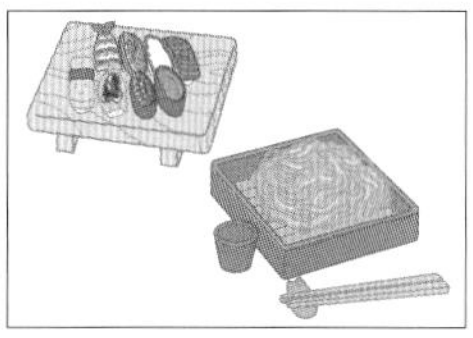

(1) ________________________________

(2) ________________________________

I'm interested in Japanese food.　　I'm good at judo.

I'm good at cooking.　　I'm interested in Japanese art.

ぴったり1 準備

3分でまとめ

Unit 2 Welcome to Japan. ①

学習日　月　日

めあて 好きな季節を伝え合おう。

教科書 24〜25ページ

好きな季節のたずね方 / 答え方

ききトリ 音声を聞き、声に出してみましょう。　トラック23〜24

せつめい

たずねる What season do you like? で、「あなたはどの季節が好きですか。」とたずねることができます。

こたえる I like ～ . で、「わたしは～が好きです。」と答えることができます。ここでは季節について聞かれているので，「～」には自分の好きな季節を入れましょう。

ききトリ 音声を聞き、英語の言葉を言いかえて、文を読んでみましょう。　トラック25〜26

What season do you like?

I like **spring** .

いいかえよう 季節を表す英語

□spring
（春）

□summer
（夏）

□fall
（秋）

□winter
（冬）

これを知ったらワンダフル！

I like ～.(わたしは～が好きです。)と相手が答えたら、Oh, you like ～.(ああ、あなたは～が好きなんですね。)と会話を続けてみよう。

ぴったり2
練習

学習日　月　日

? ぴったりクイズ　答えはこのページの下にあるよ！

日本が夏のとき、オーストラリアではどの季節か分かるかな。

教科書　24～25 ページ

かきトリ　英語をなぞり、声に出してみましょう。

できたらチェック！　書く □　話す □

□春
spring

□夏
summer

□秋
fall

□冬
winter

ヒント
summer を書くときは、m を２回書くことに注意しよう。

□あなたはどの季節が好きですか。
What season do you like?

□わたしは春が好きです。
I like spring.

□わたしは冬が好きです。
I like winter.

□わたしは秋が好きです。
I like fall.

▶読み方が分からないときは、左ページにもどって音声を聞いてみましょう。

やりトリ　自分の好きな季節を書いて、声に出してみましょう。

できたらチェック！　書く □　話す □

What season do you like?

I like ＿＿＿＿＿＿＿＿ .

つたえるコツ
I like ～ .の「～」の部分を大きくはっきりと言おう。

▶あてはめる英語は、左のページや付録の小冊子、教科書や辞書などから探してみよう！

答える練習ができたら、次は誰かに質問してみよう！

ぴったりクイズの答え　オーストラリアは南半球にある国だから、日本とは季節が反対になるよ。日本が夏のとき、オーストラリアは冬だね。

Unit 2
Welcome to Japan. ②

学習日　月　日

めあて
季節ごとの行事を伝えよう。

教科書 24〜25ページ

季節の行事の伝え方 / 答え方

ききトリ 音声を聞き、声に出してみましょう。　トラック27〜28

In《イン》 spring《スプリング》, we《ウィー》 have《ハヴ》 *hanami*《ハナミ》.
春には花見があります。

I《アイ》 like《ライク》 *hanami*《ハナミ》, too《トゥー》.
わたしも花見が好きです。

せつめい

つたえる　<In＋季節, we have＋行事.> で、「〜には…があります。」と季節の行事を伝えることができます。

こたえる　相手の発言に<I like＋行事, too.>「わたしも〜が好きです。」と答えて、会話を続けてみましょう。

ききトリ 音声を聞き、英語の言葉を言いかえて、文を読んでみましょう。　トラック29〜30

In spring, we have *hanami* .

いいかえよう　行事を表す英語

□the Doll Festival
（ひな祭り）

□the Star Festival
（七夕）

□*tsukimi*
（月見）

□Children's Day
（子どもの日）

□a summer festival
（夏祭り）

□*shichi-go-san*
（七五三）

□*oshogatsu*
（お正月）

□*setsubun*
（節分）

ワンポイント
<we have〜>で、「〜があります」と表すことができるよ。

I like *hanami*, too.

ぴったり2
練習

学習日 月 日

?ぴったりクイズ 答えはこのページの下にあるよ！

英語では、fall(秋)の別の言い方があるよ。何と言うか分かるかな。

教科書 24～25ページ

かきトリ 英語をなぞり、声に出してみましょう。

できたらチェック！ 書く 話す

□ひな祭り
the Doll Festival

□子どもの日
Children's Day

□七夕
the Star Festival

ヒント
Children's Dayの「'」を忘《わす》れないように気をつけよう。

□夏祭り
a summer festival

□春には花見があります。
In spring, we have hanami.

□夏には七夕があります。
In summer, we have the Star Festival.

□わたしも花見が好きです。
I like hanami, too.

▶読み方が分からないときは、左ページにもどって音声を聞いてみましょう。

やりトリ 自分の好きな季節と、その行事を書いて、声に出してみましょう。

できたらチェック！ 書く 話す

In ＿＿＿＿＿＿,
we have ＿＿＿＿＿＿.

つたえるコツ
,(コンマ)のところで、ひと呼吸《こきゅう》おいて言ってみよう。

▶あてはめる英語は、左のページや付録の小冊子、教科書や辞書などから探してみよう！

練習ができたら、次は誰かに伝えてみよう！

ぴったりクイズの答え
秋は、fallのほかにautumnと表すことができるよ。fallはアメリカで，autumnはイギリスで使われることが多いよ。

ぴったり3 確かめのテスト

Unit 2 Welcome to Japan. ①〜②

時間 30 分

／100

合格 80 点

教科書 24〜25 ページ　答え 4 ページ

1 音声の内容に合う絵を下の㋐〜㋒から選び、(　)に記号を書きましょう。　トラック31

技能　1問5点(10点)

㋐

㋑

㋒

(1) (　　　　)　(2) (　　　　)

2 音声を聞き、それぞれの内容に合う絵を線で結びましょう。　トラック32

1問10点(30点)

(1)

Yuto

(2)

Sakura

(3)

Jack

ふりかえり　❷が分からないときは、20、22ページにもどって確認《かくにん》しよう。

3 日本文に合う英語の文になるように、[　　]の中から語を選び[　　]に書き、文全体をなぞりましょう。

1問完答で30点(30点)

(1) あなたはどの季節が好きですか。

What ＿＿＿＿ do you ＿＿＿＿?

(2) わたしは冬が好きです。

I like ＿＿＿＿.

(3) 秋には月見があります。

In ＿＿＿＿, we ＿＿＿＿ tsukimi.

have　like　season　winter　fall

4 絵の内容に合うように、[　　]の中から文を選び、[　　]に書きましょう。

思考・判断・表現　1問10点(30点)

(1) 

(2) 

(3) 

I like spring.　What season do you like?

In spring, we have Children's Day.

Unit 2 Welcome to Japan. ③

3分でまとめ

学習日　　月　　日

めあて
日本でできることと、その感想を伝えよう。

教科書 26～27ページ

日本でできることと、その感想の伝え方

ききトリ 音声を聞き、声に出してみましょう。　トラック33～34

In《イン》 Japan《ジャパン》, you《ユー》 can《キャン》 eat《イート》 *sukiyaki*《スキヤキ》.
日本では、あなたはすき焼きを食べることができます。

It's《イッツ》 delicious《ディリシャス》.
それはおいしいです。

せつめい **つたえる** you can ～ で、「あなたは～できます」と伝えることができます。「～」には、eat（食べる）などの動作を表す言葉が入ります。＜In＋場所＞は、「～で」を表します。
It's ～ . の「～」に様子や感想を伝える言葉を入れて、「それは～です。」と言うことができます。

ききトリ 音声を聞き、英語の言葉を言いかえて、文を読んでみましょう。　トラック35～38

In Japan, you can **eat *sukiyaki*** .

いいかえよう 動作を表す英語

□eat traditional sweets
（伝統的なおかしを食べる）

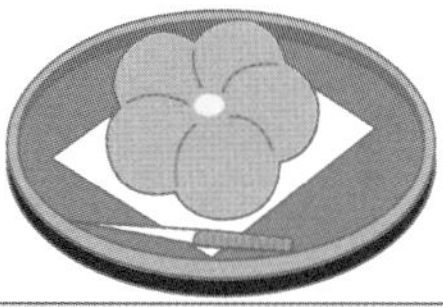

□visit hot springs
（温泉《おんせん》をおとずれる）

□enjoy *rakugo*
（落語を楽しむ）

□eat traditional foods（伝統的な食べ物を食べる）
□visit a castle（城をおとずれる）　□enjoy *Awa-odori*（阿《あ》波《わ》踊《おど》りを楽しむ）

ワンポイント
canの後ろに「する」ことを入れると、「～することができる」と伝えることができるよ。

It's **delicious** .

いいかえよう 様子や感想を表す英語

□delicious
（おいしい）

□interesting
（おもしろい）

□healthy
（健康によい）

□beautiful（美しい）　□exciting（わくわくする）　□fun（楽しい）

これを知ったらワンダフル！
interesting（おもしろい）は、「楽しくて笑う」という意味ではなく、「興味深い」という意味の「おもしろい」だよ。

▶ 小冊子のp.26～27で、もっと言葉や表現を学ぼう！

練習

学習日　　月　　日

ぴったりクイズ 答えはこのページの下にあるよ！

「もち」は英語で何と言うか分かるかな。

教科書 26～27 ページ

かきトリ 英語をなぞり、声に出してみましょう。

できたらチェック！ 書く □ 話す □

□伝統的な食べ物を食べる

eat traditional foods

□温泉をおとずれる

visit hot springs

□城をおとずれる

visit a castle

□阿波踊りを楽しむ

enjoy Awa-odori

□おいしい

delicious

□おもしろい

interesting

□楽しい

fun

□日本で、あなたはすき焼きを食べることができます。

In Japan, you can eat sukiyaki.

□それはおいしいです。

It's delicious.

▶読み方が分からないときは、左ページにもどって音声を聞いてみましょう。

やりトリ 自分が伝えたい日本でできることと、その感想を書いて、声に出してみましょう。

できたらチェック！ 書く □ 話す □

In Japan, you can ＿＿＿＿＿＿＿＿

＿＿＿＿＿＿＿＿＿＿＿＿＿＿＿＿.

It's ＿＿＿＿＿＿＿＿＿＿＿＿＿＿＿.

つたえるコツ

It's ～ . の文は、相手にみりょくを伝えられるように気持ちをこめて話そう。

▶あてはめる英語は、左のページや付録の小冊子、教科書や辞書などから探してみよう！

練習ができたら、次は誰かに伝えてみよう！

ぴったりクイズの答え 「もち」は英語でrice cakeと言うよ。そのまま日本語にすると「お米のケーキ」だね。

ぴったり3
確かめのテスト
Unit 2 Welcome to Japan. ③

時間 30 分
／100
合格 80 点

教科書 26〜27 ページ　答え 5 ページ

1 音声の内容に合う絵を下の㋐〜㋒から選び、（　）に記号を書きましょう。　トラック39

技能　1問5点（10点）

㋐
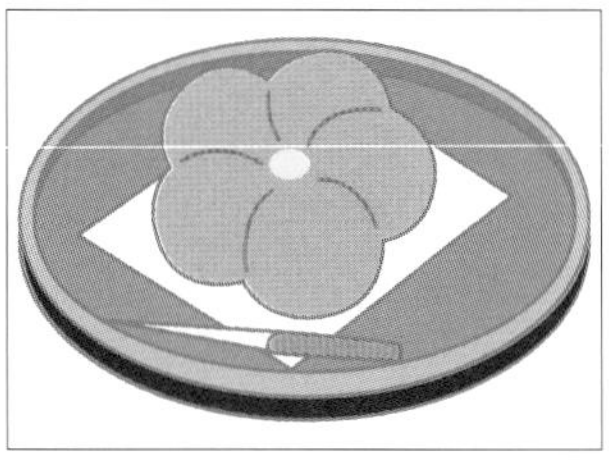

㋑

㋒

(1)（　　　　　）　(2)（　　　　　）

2 音声を聞き、それぞれの人が紹介《しょうかい》している「日本でできること」を下の㋐〜㋒から、その「日本でできること」の感想を㋓〜㋕から選び、記号で答えましょう。　トラック40

1問完答で10点（30点）

(1)

Sho
日本でできること
（　　　　　）
感想
（　　　　　）

(2)

Ami
日本でできること
（　　　　　）
感想
（　　　　　）

(3)

Kenta
日本でできること
（　　　　　）
感想
（　　　　　）

㋐
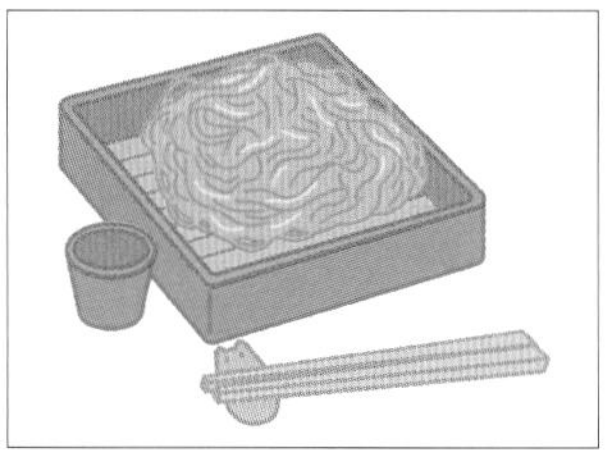

㋑

㋒

㋓beautiful　㋔fun　㋕healthy

ふりかえり　❷が分からないときは、26ページにもどって確認《かくにん》しよう。

3 日本文に合う英語の文になるように、[　　]の中から語を選び、[　　]に書き、文全体をなぞりましょう。

1問完答で10点(30点)

(1) あなたはすき焼きを食べることができます。

You can [　　　　] sukiyaki.

(2) あなたは落語を楽しむことができます。

You [　　　　] [　　　　] rakugo.

(3) それはおもしろいです。

It's [　　　　　　　　].

can　　eat　　interesting　　enjoy

4 日本でできることを紹介している絵の内容に合うように、[　　]の中から文を選び、[　　]に書きましょう。

1問10点(30点)

(1)

(2)

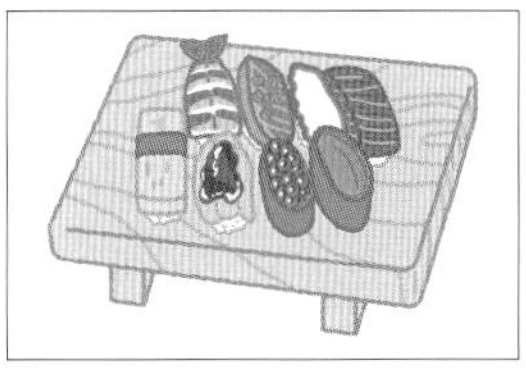

(3)

(1) ______________________________

(2) ______________________________

(3) ______________________________

In Japan, you can eat sushi.　　In Japan, you can visit a castle.

In Japan, you can enjoy *Awa-odori*.

Unit 3 What time do you get up? ①

めあて
生活の中で、何時に何をするかたずね合おう。

教科書 34～35ページ

何時に何をするかのたずね方

ききトリ 音声を聞き、声に出してみましょう。 トラック41～42

What《(フ)ワット》 time《タイム》 do《ドゥ》 you《ユー》 get《ゲット》 up《アップ》?
あなたは何時に起きますか。

せつめい たずねる What time do you ～?で、「あなたは何時に～しますか。」とたずねることができます。「～」には、**get up**(起きる)などの動作を表す言葉が入ります。

ききトリ 音声を聞き、英語の言葉を言いかえて、文を読んでみましょう。 トラック43～44

What time do you **get up** ?

いいかえよう 動作を表す英語

□get up
(起きる)

□go to school
(学校へ行く)

□eat breakfast
(朝食を食べる)

□go home
(家に帰る)

□do your homework
(宿題をする)

□go to bed
(寝《ね》る)

□eat lunch (昼食を食べる)
□take a bath(風呂《ふろ》に入る)
□eat dinner(夕食を食べる)
□watch TV(テレビを見る)

ワンポイント
「宿題」は、相手にたずねるときはmy homework(わたしの宿題)ではなく、your homework(あなたの宿題)を使おう。「あなたは何時に宿題をしますか。」はWhat time do you do your homework?と表すよ。

小冊子のp.8～9で、もっと言葉や表現を学ぼう！

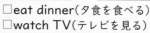

練習

学習日　　月　　日

?ぴったりクイズ 答えはこのページの下にあるよ！

「風呂に入る」はtake a bathだけど、「シャワーを浴びる」は英語で何と言うか分かるかな。

教科書 34〜35ページ

かきトリ 英語をなぞり、声に出してみましょう。

できたらチェック！ 書く□ 話す□

□起きる
get up

□寝る
go to bed

□家に帰る
go home

□朝食を食べる
eat breakfast

□学校へ行く
go to school

□(あなたの)宿題をする
do your homework

□風呂に入る
take a bath

□あなたは何時に起きますか。
What time do you get up?

□あなたは何時に学校へ行きますか。
What time do you go to school?

□あなたは何時に寝ますか。
What time do you go to bed?

ヒント
"school"を書くときは、oを2回書くことに注意しよう。

▶読み方が分からないときは、左ページにもどって音声を聞いてみましょう。

やりトリ 何時に何をするかたずねたいことを書いて、声に出してみましょう。

できたらチェック！ 書く□ 話す□

What time do you ____________?

つたえるコツ
What timeで始まる文のときは、「?」の前の部分を下げ調子で言うよ。

▶あてはめる英語は、左のページや付録の小冊子、教科書や辞書などから探してみよう！

練習ができたら、次は誰かに質問してみよう！

ぴったりクイズの答え
「シャワーを浴びる」はtake a showerと言うよ。海外では湯船に入らず、シャワーだけですませる国もあるよ。

ぴったり1 **準備**

Unit 3 What time do you get up? ②

学習日 月 日

めあて
生活の中で、何時に何をするかを伝え合おう。

教科書 34〜35ページ

何時に何をするかの答え方

ききトリ 音声を聞き、声に出してみましょう。 トラック45〜46

I《アイ》 get《ゲット》 up《アップ》 at《アト》 7:00《セヴン》.
わたしは7時に起きます。

せつめい つたえる ＜I＋〜＋at＋時刻.＞ で「わたしは…時に〜します。」と伝えることができます。「〜」には、get up(起きる)などの動作を表す言葉が入ります。

ききトリ 音声を聞き、英語の言葉を言いかえて、文を読んでみましょう。 トラック47〜48

I **get up** at 7:00.

いいかえよう 動作を表す英語

□get up
（起きる）

□go to school
（学校へ行く）

□eat breakfast
（朝食を食べる）

□go home
（家に帰る）

□do my homework
（(わたしの)宿題をする）

□go to bed
（寝る）

□eat lunch（昼食を食べる）
□take a bath(風呂《ふろ》に入る)
□eat dinner(夕食を食べる)
□watch TV(テレビを見る)

ワンポイント
atの後に、その動作をする時刻を言おう。

小冊子のp.8〜9で、もっと言葉や表現を学ぼう！

学習日　　月　　日

?ぴったりクイズ 答えはこのページの下にあるよ！

英語で時《じ》刻《こく》を表すとき、a.m.やp.m.という言葉を使うことがあるよ。何を表す言葉か分かるかな。

教科書　34～35ページ

かきトリ　英語をなぞり、声に出してみましょう。

できたらチェック！　書く　話す

□昼食を食べる

eat lunch

□夕食を食べる

eat dinner

□(わたしの)宿題をする

do my homework

□テレビを見る

watch TV

□わたしは7時に起きます。

I get up at 7:00.

ヒント
breakfast や homework は1つの言葉だよ。間をあけないようにしよう。

□わたしは8時に朝食を食べます。

I eat breakfast at 8:00.

□わたしは3時に家に帰ります。

I go home at 3:00.

□わたしは４時に(わたしの)宿題をします。

I do my homework at 4:00.

▶読み方が分からないときは、左ページにもどって音声を聞いてみましょう。

やりトリ　自分が起きる時刻を書いて、声に出してみましょう。

できたらチェック！　書く　話す

What time do you get up?

I get up at ______.

つたえるコツ
数字の読み方を覚えているかな。
eleven「11」は「イレヴン」、twelve「12」は「トゥウェルヴ」と読むよ。

▶あてはめる英語は、左のページや付録の小冊子、教科書や辞書などから探してみよう！

答える練習ができたら、次は誰かに質問してみよう！

ぴったりクイズの答え
a.m.は「午前」、p.m.は「午後」を表す言葉だよ。英語で時刻を表すときは、１から12までの数字しか使わないんだ。午前か午後かを分かりやすくするためにa.m./p.m.を使うんだね。

ぴったり3
確かめのテスト
Unit 3 What time do you get up? ①〜②

時間 30 分

／100

合格 80 点

教科書 34〜35ページ　答え 6ページ

1 音声の内容に合う絵を下の㋐〜㋒から選び、(　　)に記号を書きましょう。 トラック49

技能　1問5点(10点)

㋐

㋑

㋒

(1) (　　　　)　(2) (　　　　)

2 音声を聞き、それぞれの内容に合う絵を線で結びましょう。 トラック50

1問10点(30点)

(1)

Yuki

(2)

Jack

(3)

Lisa

学習日　　月　　日

3 日本文に合う英語の文になるように、[　　]の中から語句を選び、[　　]に書き、文全体をなぞりましょう。2回使う言葉もあります。文の最初の文字は大文字で書きましょう。

1問完答で10点(30点)

(1) あなたは何時に家に帰りますか。

[　　　] time do you [　　　]?

(2) わたしは4時に家に帰ります。

I [　　　　　] at 4:00.

(3) わたしは7時に夕食を食べます。

I eat dinner [　　　] 7:00.

go home　　what　　at

4 絵の内容に合う英語の会話文になるように、[　　]の中から文を選び、[　　]に書きましょう。

思考・判断・表現　1問15点(30点)

(1) What time do you eat breakfast?

—

(2)

— I go to bed at 9:00.

I eat lunch at 1:00.　　What time do you go to school?

I eat breakfast at 8:00.　　What time do you go to bed?

ぴったり1 準備

Unit 3 What time do you get up? ③

学習日　　月　　日

3分でまとめ

めあて
家で手伝いをどれくらいしているかを伝え合おう。

教科書　36〜37ページ

「どれくらいするか」の伝え方

ききトリ　音声を聞き、声に出してみましょう。　トラック51〜52

I《アイ》 sometimes《サムタイムズ》 wash《ワ(ー)ッシ》 the《ザ》 dishes《ディッシィズ》.
わたしはときどき皿洗《さらあら》いをします。

せつめい　つたえる　**I sometimes wash the dishes.**で「わたしはときどき皿洗いをします。」と伝えることができます。**sometimes**のほかに、**always**(いつも)などが入ります。

ききトリ　音声を聞き、英語の言葉を言いかえて、文を読んでみましょう。　トラック53〜54

I **sometimes** wash the dishes.

いいかえよう　「どれくらいするか」を表す英語

□sometimes
(ときどき)

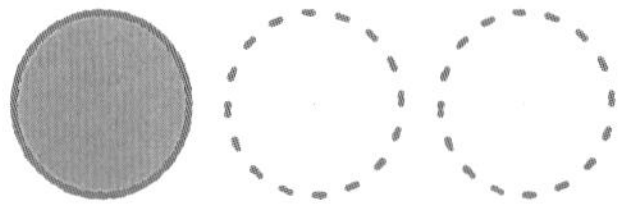

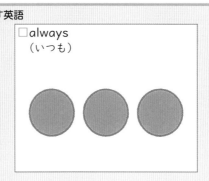

□always
(いつも)

□usually
(たいてい)

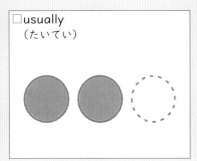

□never
(けっして〜ない)

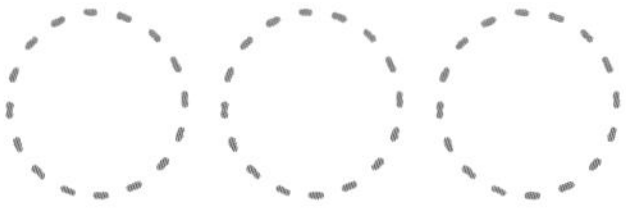

これを知ったらワンダフル!
「(けっして)しない」と言うときは、neverを使って、I never wash the dishes.(わたしはけっして皿洗いをしません。)と言うことができるよ。

ぴったり2

練習

学習日　　月　　日

? ぴったりクイズ　答えはこのページの下にあるよ！

wash the dishesで「皿洗いをする」という意味だね。じゃあ、do the dishesはどんな意味か分かるかな。

教科書　36～37ページ

かきトリ　英語をなぞり、声に出してみましょう。

できたらチェック！　書く　話す

□ときどき

sometimes

□いつも

always

□たいてい

usually

□けっして～ない

never

□わたしはときどき皿洗いをします。

I sometimes wash the dishes.

□わたしはいつも皿洗いをします。

I always wash the dishes.

□わたしはたいてい皿洗いをします。

I usually wash the dishes.

□わたしはけっして皿洗いをしません。

I never wash the dishes.

▶読み方が分からないときは、左ページにもどって音声を聞いてみましょう。

やりトリ　皿洗いをどれくらいするかを書いて、声に出してみましょう。

できたらチェック！　書く　話す

I ＿＿＿＿＿＿ wash the dishes.

つたえるコツ

sometimesは最初の部分を強く言おう。

▶あてはめる英語は、左のページや付録の小冊子、教科書や辞書などから探してみよう！

練習ができたら、次は誰かに伝えてみよう！

ぴったりクイズの答え　do the dishesも「皿洗いをする」という意味だよ。同じ意味でも、いろいろな言い方があるね。

ぴったり1 準備

Unit 3 What time do you get up? ④

学習日　月　日

めあて
家でいつもしている手伝いについて伝え合おう。

教科書 36〜37ページ

家でしている手伝いの伝え方

ききトリ 音声を聞き、声に出してみましょう。　トラック55〜56

I《アイ》 always《オールウェイズ》 clean《クリーン》 the《ザ》 bath《バス》.
わたしはいつも風呂《ふろ》をそうじします。

せつめい つたえる　I always 〜.で、「わたしはいつも〜します。」と伝えることができます。「〜」には、clean the bath(風呂をそうじする)などの動作を表す言葉が入ります。

ききトリ 音声を聞き、英語の言葉を言いかえて、文を読んでみましょう。　トラック57〜58

I always **clean the bath** .

いいかえよう　動作を表す英語

□clean the bath
（風呂をそうじする）

□take out the garbage
（ごみを出す）

□walk the dog
（犬を散歩させる）

□clean my room
（自分の部屋をそうじする）

□wash the dishes
（皿洗《さらあら》いをする）

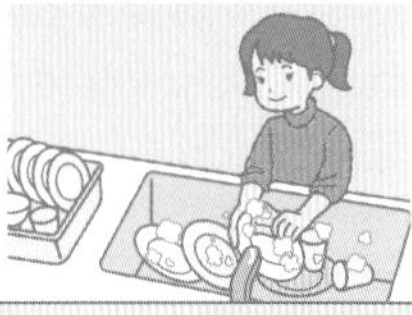

□set the table
（食卓《しょくたく》の用意をする）

□clear the table（食卓をかたづける）

□cook dinner（夕食を作る）

これを知ったらワンダフル！
cleanは「〜をそうじする」という意味だから、cleanの後ろにはそうじする場所を入れるんだね。

小冊子のp.8〜9で、もっと言葉や表現を学ぼう！

ぴったり2

練習

学習日　　月　　日

ぴったりクイズ 答えはこのページの下にあるよ！

bathは「浴室《よくしつ》」や「浴そう」という意味だね。じゃあ、bathroomは何を表すか分かるかな。

教科書　36～37ページ

かきトリ　英語をなぞり、声に出してみましょう。

できたらチェック！　書く　話す

□風呂をそうじする
clean the bath

□皿洗いをする
wash the dishes

□ごみを出す
take out the garbage

□犬を散歩させる
walk the dog

□自分の部屋をそうじする
clean my room

□食卓の用意をする
set the table

□食卓をかたづける
clear the table

□わたしはいつも風呂をそうじします。
I always clean the bath.

□わたしはいつもごみを出します。
I always take out the garbage.

▶読み方が分からないときは、左ページにもどって音声を聞いてみましょう。

やりトリ　自分がいつもすることを書いて、声に出してみましょう。

できたらチェック！　書く　話す

I always ＿＿＿＿＿＿＿＿＿＿ .

つたえるコツ

clean the kitchen（台所をそうじする）など、少し言葉を変えてもいいよ。

▶あてはめる英語は、左のページや付録の小冊子、教科書や辞書などから探してみよう！

練習ができたら、次は誰かに伝えてみよう！

ぴったりクイズの答え　主にアメリカでは、bathroomというと「トイレ」の意味でも使われるよ。アメリカの家では、浴室が洗面台やトイレといっしょになっていることが多いんだ。

ぴったり3

確かめのテスト

Unit 3 What time do you get up? ③〜④

時間 30 分

／100

合格 80 点

教科書 36〜37ページ　答え 7ページ

1 音声の内容に合う絵を下の㋐〜㋒から選び、(　　)に記号を書きましょう。　トラック59

技能　1問5点(10点)

㋐

㋑

㋒

(1) (　　　　)　(2) (　　　　)

2 音声を聞き、それぞれの内容に合う絵を線で結びましょう。　トラック60

1問10点(30点)

(1)

Lisa

(2)

Jack

(3)

Yuki

ふりかえり　②が分からないときは、36、38ページにもどって確認《かくにん》しよう。

3 日本文に合う英語の文になるように、　　の中から語を選び、　　に書き、文全体をなぞりましょう。

1問完答で10点(40点)

(1) わたしはいつも皿《さら》洗《あら》いをします。

I ＿＿＿＿ wash the dishes.

(2) わたしはときどき風《ふ》呂《ろ》をそうじします。

I ＿＿＿＿ clean the bath.

(3) わたしはたいてい皿洗いをします。

I ＿＿＿＿ wash the dishes.

(4) わたしはけっしてテレビを見ません。

I ＿＿＿＿ watch TV.

usually　　never　　always　　sometimes

4 絵の内容に合うように、　　の中から文を選び、　　に書きましょう。

思考・判断・表現　1問10点(20点)

(1) ＿＿＿＿＿＿＿＿

(2) ＿＿＿＿＿＿＿＿

I always do my homework.

I never set the table.　　I always clean my room.

この本の終わりにある「夏のチャレンジテスト」をやってみよう！

3分でまとめ

学習日　　月　　日

Unit 4 My Summer Vacation ①

めあて
夏休みに行った場所を伝え合おう。

教科書　46～47ページ

行った場所の伝え方

ききトリ　音声を聞き、声に出してみましょう。　トラック61～62

I《アイ》 went《ウェント》 to《トゥー》 the《ザ》 sea《スィー》.
わたしは海に行きました。

せつめい　つたえる　I went to ～.で、「わたしは～に行きました。」と伝えることができます。「～」には、場所を表す言葉を入れましょう。

ききトリ　音声を聞き、英語の言葉を言いかえて、文を読んでみましょう。　トラック63～64

I went to the sea.

いいかえよう　場所を表す英語

□sea
（海）

□river
（川）

□mountains
（山）

□library
（図書館）

□aquarium
（水族館）

□stadium
（スタジアム）

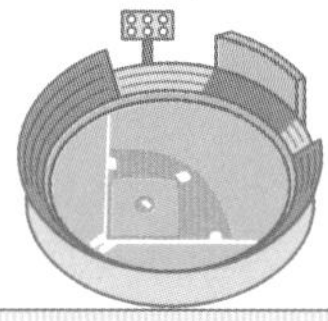

□restaurant
（レストラン）

□park
（公園）

□amusement park
（遊園地）

□department store（デパート）

ワンポイント
I went to ～.の「～」には、行った場所の地名や国名を入れてもいいよ。

これを知ったらワンダフル！
「行った」と言うときは、go（行く）のかわりにwentを使うんだね。

小冊子のp.14～15で、もっと言葉や表現を学ぼう！

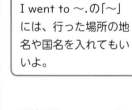

学習日　月　日

?ぴったりクイズ 答えはこのページの下にあるよ！

seaは「海」という意味の英語だね。じゃあ、sea lion（スィーライオン）は何を表すか分かるかな。ヒントは動物だよ。

教科書 46～47 ページ

かきトリ 英語をなぞり、声に出してみましょう。

できたらチェック！ 書く 話す

□海
sea

□川
river

□山
mountains

□図書館
library

□水族館
aquarium

□スタジアム
stadium

□レストラン
restaurant

□公園
park

□わたしは海に行きました。
I went to the sea.

□わたしは川に行きました。
I went to the river.

□わたしは山に行きました。
I went to the mountains.

▶読み方が分からないときは、左ページにもどって音声を聞いてみましょう。

やりトリ 自分が行った場所を書いて、声に出してみましょう。

できたらチェック！ 書く 話す

I went to ＿＿＿＿＿＿＿＿.

つたえるコツ

wentとtoを、ウェントゥーのようにつなげて読んでみよう。

▶あてはめる英語は、左のページや付録の小冊子、教科書や辞書などから探してみよう！

練習ができたら、次は誰かに伝えてみよう！

ぴったりクイズの答え 答えは、「アシカ、トド」だよ。「海のライオン」なんてかっこいい呼び方だね。

ぴったり1 準備

Unit 4 My Summer Vacation ②

学習日　　月　　日

めあて　夏休みに食べたものを伝え合おう。

教科書　46〜47ページ

食べたものの伝え方

ききトリ　音声を聞き、声に出してみましょう。　トラック65〜66

せつめい　つたえる　I ate 〜.で、「わたしは〜を食べました。」と伝えることができます。「〜」には、食べ物を表す言葉を入れましょう。

ききトリ　音声を聞き、英語の言葉を言いかえて、文を読んでみましょう。　トラック67〜68

I ate **watermelon** .

いいかえよう　食べ物を表す英語

□watermelon （スイカ） 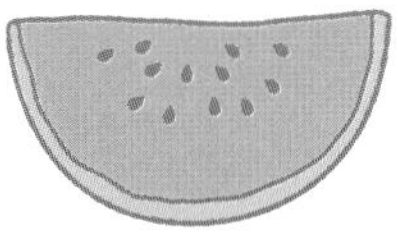	□a hot dog （ホットドッグ） 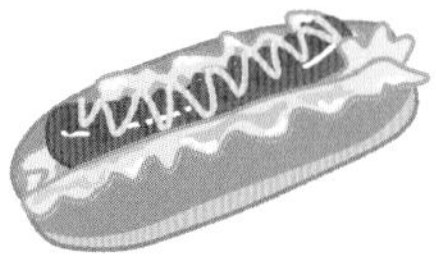	□shaved ice （かき氷） 
□fish （魚） 	□*takoyaki* （たこ焼き） 	□spaghetti （スパゲティー） 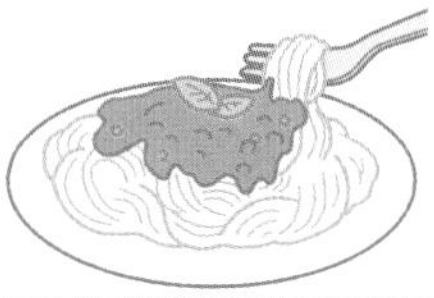
□fruits （果物） 	□cotton candy （綿菓子） 	□a banana （バナナ） 

ワンポイント
watermelonは、ひとつづきで書く言葉だよ。気をつけよう。

これを知ったらワンダフル！
「食べた」と言うときは、eat（食べる）のかわりにateを使うんだね。

ぴったり2

練習

学習日　月　日

ぴったりクイズ 答えはこのページの下にあるよ！

スイカはどこの国でうまれたか知ってるかな。

教科書 46〜47ページ

かきトリ 英語をなぞり、声に出してみましょう。

できたらチェック！ 書く □ 話す □

□スイカ
watermelon

□ホットドッグ
hot dog

□かき氷
shaved ice

□魚
fish

□たこ焼き
takoyaki

□わたしはスイカを食べました。
I ate watermelon.

□わたしはホットドッグを食べました。
I ate a hot dog.

□わたしはかき氷を食べました。
I ate shaved ice.

▶読み方が分からないときは、左ページにもどって音声を聞いてみましょう。

やりトリ 自分が食べたものを書いて、声に出してみましょう。

できたらチェック！ 書く □ 話す □

I ate ＿＿＿＿＿＿＿＿.

つたえるコツ

自分が食べたものを英語で言えるかな。分からないものはしらべてみよう。

▶あてはめる英語は、左のページや付録の小冊子、教科書や辞書などから探してみよう！

練習ができたら、次は誰かに伝えてみよう！

ぴったりクイズの答え スイカの原産地は、南アフリカのカラハリ砂漠《さばく》だと言われているよ。砂漠で、みずみずしいスイカがうまれたなんて、おどろきだね。

ぴったり3

確かめのテスト

Unit 4 My Summer Vacation ①～②

時間 30 分

／100

合格 80 点

教科書 46～47 ページ　答え 8 ページ

1 音声の内容に合う絵を下の㋐～㋒から選び、（　　）に記号を書きましょう。　トラック69

技能　1問5点(10点)

㋐

㋑

㋒

(1)（　　　　）　(2)（　　　　）

2 音声を聞き、それぞれの内容に合う絵を線で結びましょう。　トラック70

1問10点(40点)

(1)

Lisa

(2)

Jack

(3)

Yuki

(4)

Sho

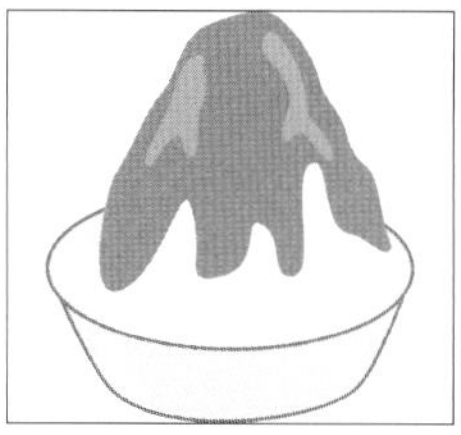

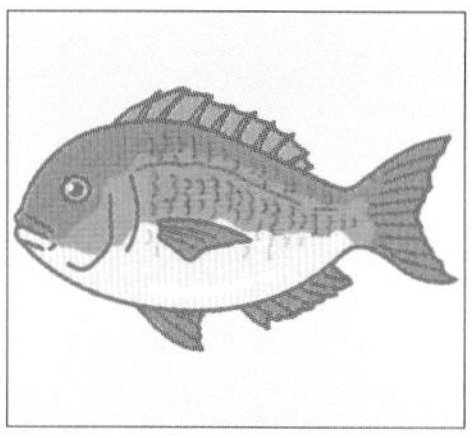

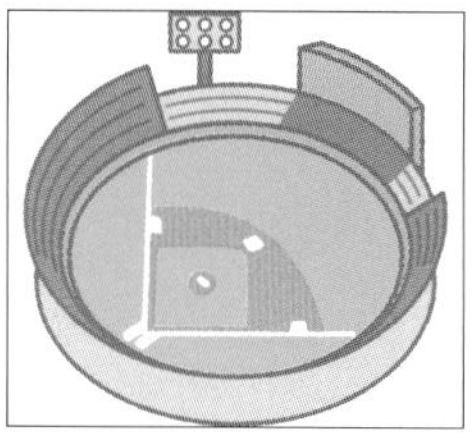

ふりかえり　❷が分からないときは、42、44ページにもどって確認《かくにん》しよう。

3 日本文に合う英語の文になるように、[　　]の中から語を選び、[　　]に書き、文全体をなぞりましょう。

1問完答で10点(30点)

(1) わたしはオーストラリアへ行きました。

I [　　　] to [　　　　　　].

(2) わたしは山へ行きました。

I went [　　] the [　　　　　].

(3) わたしはホットドッグを食べました。

I [　　　] a hot dog.

to　　mountains　　went　　ate　　Australia

4 女の子が夏休みにしたことについて、スピーチをしています。絵の内容に合うように、[　　]の中から文を選び、[　　]に書きましょう。

思考・判断・表現　1問10点(20点)

Hello. I'm Sakura.

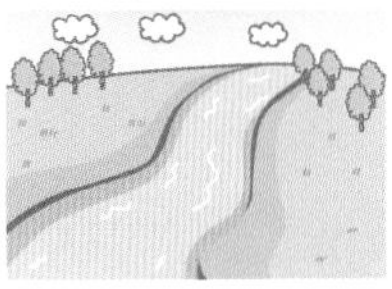

(1)

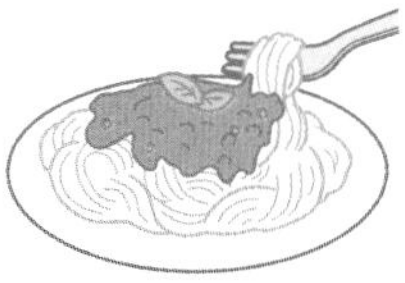

(2)

I went to the river.　　I went to the sea.

I ate shaved ice.　　I ate spaghetti.

3分でまとめ

Unit 4 My Summer Vacation ③

学習日 月 日

めあて 夏に楽しんだことを伝え合おう。

教科書 48〜49ページ

夏にしたことのたずね方/楽しんだことの伝え方

ききトリ 音声を聞き、声に出してみましょう。 トラック71〜72

What《(フ)ワット》 did《ディッド》 you《ユー》 do《ドゥー》 in《イン》 summer《サマァ》?
あなたは夏に何をしましたか。

I《アイ》 enjoyed《インヂョイド》 camping《キャンピング》.
わたしはキャンプをすることを楽しみました。

せつめい

たずねる What did you do in summer?で、「あなたは夏に何をしましたか。」とたずねることができます。

こたえる I enjoyed ～.で、「わたしは～を楽しみました。」と伝えることができます。「～」には、「もの」や「こと」を表す言葉を入れます。「～すること」のときは、campingのように～ingの形になります。

ききトリ 音声を聞き、英語の言葉を言いかえて、文を読んでみましょう。 トラック73〜74

What did you do in summer?

I enjoyed camping.

いいかえよう 「～すること」や「もの」を表す英語

☐camping（キャンプをすること）

☐fishing（つりをすること）

☐swimming（泳ぐこと）

☐skiing（スキーをすること）

☐reading（(本を)読むこと）

☐dancing（おどること）

☐summer festival（夏祭り）

☐fireworks（花火）

これを知ったらワンダフル!

「楽しんだ」と言うときは、enjoy（楽しむ）のかわりにenjoyedを使うんだね。

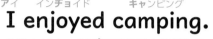

学習日　　月　　日

？ぴったりクイズ 答えはこのページの下にあるよ！

競泳の泳ぎの種類は、平泳ぎ、背泳ぎ、バタフライ、あともうひとつは何か分かるかな。

教科書 48～49ページ

かきトリ 英語をなぞり、声に出してみましょう。

できたらチェック！ 書く □ 話す □

□キャンプをすること
camping

□つりをすること
fishing

□泳ぐこと
swimming

□スキーをすること
skiing

□(本を)読むこと
reading

□おどること
dancing

□夏祭り
summer festival

□花火
fireworks

□あなたは夏に何をしましたか。
What did you do in summer?

□わたしはキャンプをすることを楽しみました。
I enjoyed camping.

□わたしは泳ぐことを楽しみました。
I enjoyed swimming.

▶読み方が分からないときは、左ページにもどって音声を聞いてみましょう。

やりトリ 自分が夏にしたことを書いて、声に出してみましょう。

できたらチェック！ 書く □ 話す □

What did you do in summer?

I enjoyed ＿＿＿＿＿＿＿＿.

つたえるコツ
楽しかったことが伝わるように、明るい声で言ってみよう。

▶あてはめる英語は、左のページや付録の小冊子、教科書や辞書などから探してみよう！

答える練習ができたら、次は誰かに質問してみよう！

ぴったりクイズの答え 答えは「自由形」だよ。自由形は、好きな泳ぎ方でいいんだけど、いちばん速く泳げるクロールを選ぶ人が多いよ。

ぴったり1 準備

Unit 4 My Summer Vacation ④

学習日　　月　　日

めあて
夏休みにしたことの感想をたずね合おう。

教科書　48〜49ページ

感想のたずね方/答え方

ききトリ　音声を聞き、声に出してみましょう。　トラック75〜76

せつめい
たずねる　How was it?で、「それはどうでしたか。」とたずねることができます。
こたえる　It was ~.で、「それは~でした。」と言うことができます。「~」には、great(すばらしい)やfun(楽しい)など、感想を表す言葉を入れましょう。

ききトリ　音声を聞き、英語の言葉を言いかえて、文を読んでみましょう。　トラック77〜78

How was it?

It was great .

いいかえよう　感想を表す英語

□great
(すばらしい)

□exciting
(わくわくする)

□fun
(楽しい)

□interesting
(おもしろい)

□hot
(暑い)

□delicious
(おいしい)

□nice(すてきな)　□good(よい)　□wonderful(すばらしい)

ワンポイント
感想を言うときはItを使うよ。自分の感想だからといってI(わたしは)を使うと意味が変わるから、気をつけよう。

学習日　　月　　日

ぴったりクイズ　答えはこのページの下にあるよ！

hotには「暑い」以外の意味もあるよ。何か分かるかな。

教科書　48～49ページ

かきトリ　英語をなぞり、声に出してみましょう。

できたらチェック！　書く　話す

□すばらしい　great

□わくわくさせる　exciting

□楽しい　fun

□おもしろい　interesting

□暑い　hot

□おいしい　delicious

□すてきな　nice

□よい　good

□すばらしい　wonderful

□それはどうでしたか。　How was it?

□それはすばらしかったです。　It was great.

□それは楽しかったです。　It was fun.

□それはわくわくしました。　It was exciting.

▶読み方が分からないときは、左ページにもどって音声を聞いてみましょう。

やりトリ　感想を書いて、声に出してみましょう。

できたらチェック！　書く　話す

How was it?

It was ＿＿＿＿＿＿＿＿.

つたえるコツ

そのときの気持ちが伝わるように、声の大きさや表情を工《く》夫《ふう》してみよう。

▶あてはめる英語は、左のページや付録の小冊子、教科書や辞書などから探してみよう！

答える練習ができたら、次は誰かに質問してみよう！

ぴったりクイズの答え　答えは「からい、ぴりっとする」だよ。からいカレーを食べたときに、It's hot.「からいです。」と言ってみよう。

ぴったり3

確かめのテスト

Unit 4 My Summer Vacation ③～④

時間 30 分

／100

合格 80 点

教科書 48～49ページ　答え 9ページ

1 音声の内容に合う絵を下の㋐～㋒から選び、（　　）に記号を書きましょう。　トラック79

技能　1問5点(10点)

㋐

㋑

㋒

(1)（　　　　）　(2)（　　　　）

2 音声を聞き、それぞれの人が夏休みにしたことと、その感想を線で結びましょう。　トラック80

1問完答で10点(30点)

(1)

Lisa

(2)

Jack

(3)

Yuki

exciting　　fun　　good

ふりかえり　2が分からないときは、48、50ページにもどって確認《かくにん》しよう。

3 日本文に合う英語の文になるように、□の中から語を選び、□に書き、文全体をなぞりましょう。文の最初の文字は大文字で書きましょう。

1問完答で10点(30点)

(1) あなたは夏に何をしましたか。

□ did you do in □ ?

(2) わたしはキャンプをすることを楽しみました。

I □ camping.

(3) それはすばらしかったです。

It was □ .

summer　enjoyed　what　wonderful

4 絵の内容に合うように、□の中から文を選び、□に書きましょう。

思考・判断・表現　1問15点(30点)

(1)

What did you do in summer?

—

(2)

How was it?

—

It was hot.　I enjoyed swimming.

I enjoyed fishing.　It was fun.

3分でまとめ

Unit 5
We live together. ①

学習日　　月　　日

めあて
動物が食べるものを考えて伝え合おう。

教科書 54〜55ページ

動物が食べるもののたずね方 / 答え方

ききトリ 音声を聞き、声に出してみましょう。　トラック81〜82

What《(フ)ワット》 do《ドゥ》 pandas《パンダズ》 eat《イート》?
パンダは何を食べますか。

Pandas《パンダズ》 eat《イート》 bamboo《バンブー》.
パンダは竹を食べます。

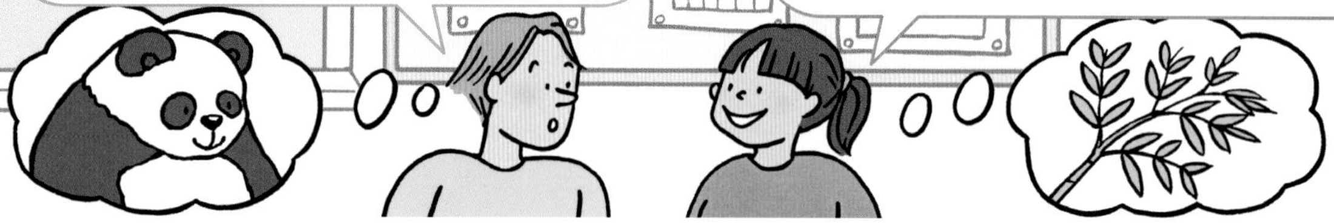

せつめい

たずねる　What do ～ eat?で、「～は何を食べますか。」とたずねることができます。「～」に、動物の名前を入れて相手にたずねましょう。eatは「食べる」という意味です。

こたえる　<動物 + eat + 食べるもの.>で、「～は…を食べます。」と表すことができます。

ききトリ 音声を聞き、英語の言葉を言いかえて、文を読んでみましょう。　トラック83〜86

What do **pandas** eat?

いいかえよう　動物を表す英語

□pandas（パンダ）

□bears（クマ）

□sea turtles（ウミガメ）

□lions（ライオン）
□eagles（ワシ）
□owls（フクロウ）
□elephants（ゾウ）
□zebras（シマウマ）
□tigers（トラ）

Pandas eat **bamboo**.

いいかえよう　食べるものを表す英語

□bamboo（竹）

□zebras（シマウマ）

□frogs（カエル）

□nuts（木の実）
□grasshoppers（バッタ）
□grass（草）
□snakes（ヘビ）
□seaweed（海そう）
□fish（魚）

これを知ったら ワンダフル！

動物や食べ物を表す単語の最後にsがついているものもあるね。数えられる名詞にs[es]をつけると複数を表すんだよ。

ぴったり2

練習

学習日　　月　　日

ぴったりクイズ 答えはこのページの下にあるよ！

パンダの目の周りが黒いのは、どうしてか知っているかな。

教科書 54～55ページ

かきトリ 英語をなぞり、声に出してみましょう。

できたらチェック！ 書く □ 話す □

□パンダ
pandas

□クマ
bears

□ウミガメ
sea turtles

□ライオン
lions

□フクロウ
owls

□シマウマ
zebras

□竹
bamboo

□カエル
frogs

□バッタ
grasshoppers

□木の実
nuts

□草
grass

□海そう
seaweed

□パンダは何を食べますか。
What do pandas eat?

□パンダは竹を食べます。
Pandas eat bamboo.

▶読み方が分からないときは、左ページにもどって音声を聞いてみましょう。

やりトリ 何が何を食べるかを書いて、声に出してみましょう。

できたらチェック！ 書く □ 話す □

______ eat ______.

つたえるコツ
eatのtは弱く言おう。

▶あてはめる英語は、左のページや付録の小冊子、教科書や辞書などから探してみよう！

練習ができたら、次は誰かに伝えてみよう！

ぴったりクイズの答え
答えは、「まぶしさから目を守るため」だよ。パンダは雪が降《ふ》る山の中で暮《く》らしているんだ。
雪に反射《はんしゃ》した光から目を守るために、目の周りが黒くなっていると言われているよ。

ぴったり3

確かめのテスト

Unit 5 We live together. ①

時間 30 分

／100

合格 80 点

教科書 54～55 ページ　答え 10 ページ

1 音声の内容に合う絵を下の㋐～㋒から選び、(　　)に記号を書きましょう。 トラック87

技能　1問5点(10点)

㋐

㋑

㋒

(1) (　　　　　)　(2) (　　　　　)

2 音声を聞き、それぞれの内容に合う絵を線で結びましょう。 トラック88

1問10点(30点)

(1)

(2)

(3)

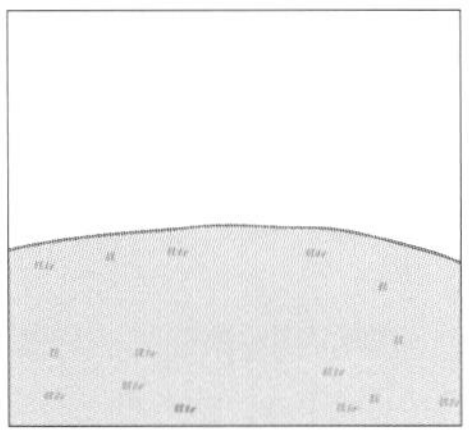

ふりかえり　❷が分からないときは、54ページにもどって確認《かくにん》しよう。

3 日本文に合う英語の文になるように、[　　]の中から語を選び、[　　]に書き、文全体をなぞりましょう。２回使う言葉もあります。文の最初の文字は大文字で書きましょう。

1問完答で10点(40点)

(1) パンダは何を食べますか。

What do ＿＿＿＿ eat?

(2) パンダは竹を食べます。

Pandas eat ＿＿＿＿.

(3) クマは何を食べますか。

＿＿＿＿ do bears ＿＿＿＿?

(4) クマは木の実を食べます。

Bears ＿＿＿＿ ＿＿＿＿.

bamboo　eat　what　pandas　nuts

4 絵の内容に合うように、[　　]の中から文を選び、[　　]に書きましょう。

思考・判断・表現　1問10点(20点)

(1)

＿＿＿＿

— Lions eat zebras.

(2)

What do sea turtles eat?

— ＿＿＿＿

Sea turtles eat seaweed.　What do owls eat?

What do lions eat?　Zebras eat grass.

ぴったり1 準備

3分でまとめ

Unit 5 We live together. ②

学習日　　月　　日

めあて
好きな動物を演じて、Who am I?クイズをしよう。

教科書　56〜57ページ

住んでいるところや特ちょうの伝え方 / 「わたしはだれでしょう」の言い方

ききトリ　音声を聞き、声に出してみましょう。　トラック89〜90

せつめい

つたえる　I live in ～.で、「わたしは～に住んでいます。」と表すことができます。ほかにも、**I eat ～.**（わたしは～を食べます。）や、**I have ～.**（わたしは～を持っています。）などを使って、好きな動物の食べるものや特ちょうを相手に伝えましょう。

たずねる　Who am I?で、「わたしはだれでしょう。」とたずねることができます。

ききトリ　音声を聞き、英語の言葉を言いかえて、文を読んでみましょう。　トラック91〜92

I live in the savanna .

いいかえよう　住んでいるところ・食べるもの・特ちょうを表す英語

□live in the savanna
（サバンナに住んでいる）

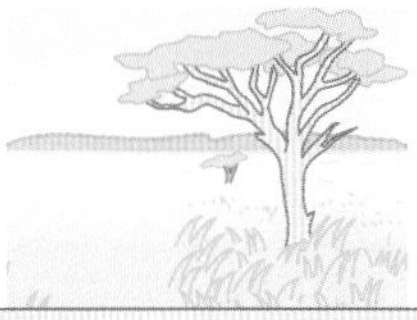

□live in the forest
（森に住んでいる）

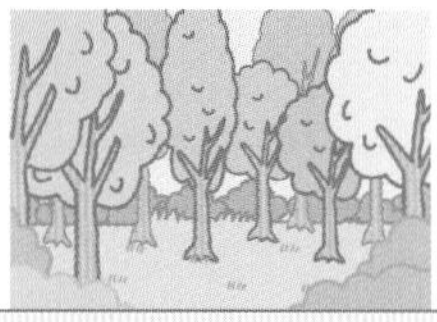

□live in the sea
（海に住んでいる）

□live on the ice（氷の上に住んでいる）

□eat grass
（草を食べる）

□eat fish
（魚を食べる）

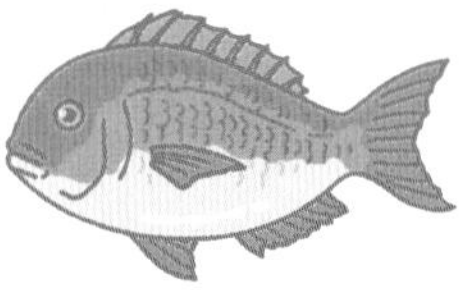

□eat fruits
（果物を食べる）

□have a big body（大きな体を持っている）
□have two wings（2つのつばさを持っている）
□have a big mouth（大きな口を持っている）
□have a long tail（長いしっぽを持っている）

Who am I?

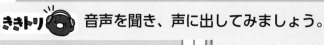

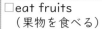

学習日　月　日

ぴったりクイズ　答えはこのページの下にあるよ！

シマウマの模《も》様《よう》を思いうかべてみてね。シマウマのしま模様は、「たてじま」と「よこじま」、どちらか分かるかな。

教科書　56～57ページ

かきトリ　英語をなぞり、声に出してみましょう。

できたらチェック！　書く □　話す □

□森に住んでいる
live in the forest

□海に住んでいる
live in the sea

□魚を食べる
eat fish

□果物を食べる
eat fruits

□2つのつばさを持っている
have two wings

□大きな口を持っている
have a big mouth

□わたしはサバンナに住んでいます。
I live in the savanna.

□わたしは草を食べます。
I eat grass.

□わたしは大きな体を持っています。
I have a big body.

□わたしはだれでしょう。
Who am I?

▶読み方が分からないときは、左ページにもどって音声を聞いてみましょう。

やりトリ　住んでいる場所を書いて、声に出してみましょう。

できたらチェック！　書く □　話す □

I ________________.

Who am I?

つたえるコツ

Who am I? は、amとIをつなげて「アマイ」のように言ってみよう。

▶あてはめる英語は、左のページや付録の小冊子、教科書や辞書などから探してみよう！

練習ができたら、次は誰かに伝えてみよう！

ぴったりクイズの答え　答えは「よこじま」だよ。動物の模様は頭を上にして考えるから、シマウマのしま模様は「よこじま」になるんだよ。

ぴったり3

確かめのテスト

Unit 5
We live together. ②

時間 30 分

/100

合格 80 点

教科書 56～57ページ　答え 11ページ

1 音声の内容に合う絵を下の㋐～㋒から選び、(　　)に記号を書きましょう。

トラック93

技能　1問5点(10点)

㋐

㋑

㋒

(1) (　　　　)　(2) (　　　　)

2 音声を聞き、それぞれの動物とその特ちょうを線で結びましょう。

トラック94

1問10点(30点)

(1)

(2)

(3)

have a big body	have a long tail	have two wings

ふりかえり　❷が分からないときは、58ページにもどって確認《かくにん》しよう。

3 日本文に合う英語の文になるように、□の中から語句を選び、□に書き、文全体をなぞりましょう。文の最初の文字は大文字で書きましょう。

1問完答で10点(30点)

(1) わたしはサバンナに住んでいます。

I ＿＿＿＿ in ＿＿＿＿.

(2) わたしは大きな体を持っています。

I ＿＿＿＿ a big body.

(3) わたしはだれでしょうか。

＿＿＿＿ am I?

who　the savanna　live　have

4 ある動物についての絵の内容に合うように、□の中から文を選び、□に書きましょう。

思考・判断・表現　1問15点(30点)

(1) 住んでいるところ

(2) 食べるもの

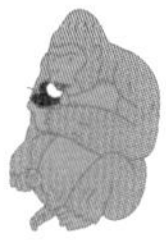

Who am I?

I live in the sea.　I eat fish.

I eat fruits.　I live in the forest.

ぴったり1 準備

Unit 6
I want to go to Italy. ①

学習日　月　日

3分でまとめ

めあて
その国で訪《たず》ねることができる場所を伝えよう。

教科書　64〜65ページ

訪ねることができる場所の伝え方

ききトリ　音声を聞き、声に出してみましょう。　トラック95〜96

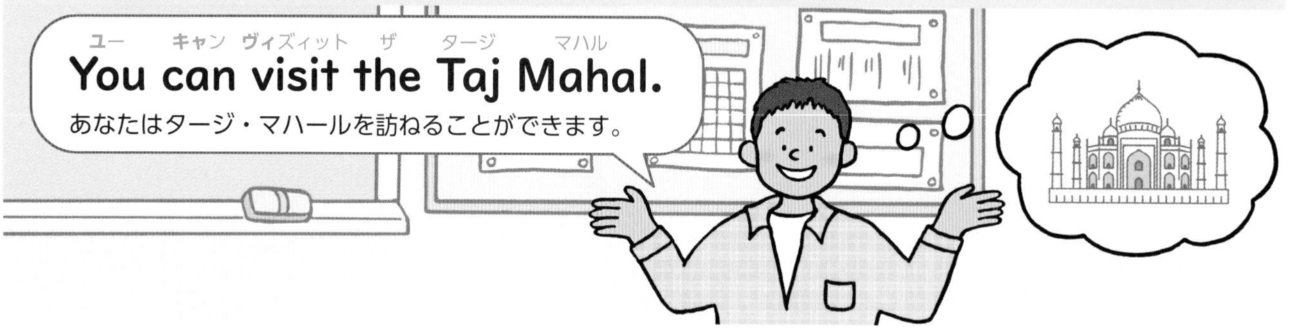

You《ユー》 can《キャン》 visit《ヴィズィット》 the《ザ》 Taj《タージ》 Mahal《マハル》.
あなたはタージ・マハールを訪ねることができます。

せつめい　つたえる　You can visit ～.で、「あなたは～を訪ねることができます。」と伝えることができます。「～」に、場所を表す言葉を入れて相手に伝えましょう。

ききトリ　音声を聞き、英語の言葉を言いかえて、文を読んでみましょう。　トラック97〜98

You can visit the Taj Mahal .

いいかえよう　場所を表す英語

□the Taj Mahal
（タージ・マハール）

□Machu Picchu
（マチュピチュ）

□the Great Wall
（万里《ばんり》の長城）

□the Eiffel Tower
（エッフェル塔《とう》）

□the Statue of Liberty
（自由の女神《めがみ》）

□Rome
（ローマ）

ワンポイント
canは「〜することができる」という意味だよ。

ワンポイント
場所の名前を言うのが難《むずか》しいときは、音声をよく聞いてまねして言ってみよう。

小冊子のp.16〜17で、もっと言葉や表現を学ぼう！

ぴったり2
練習

学習日　　月　　日

？ぴったりクイズ　答えはこのページの下にあるよ！

タージ・マハールがつくられた目的は次のうちどれか分かるかな。
1.「王様の家」　2.「大学」　3.「お墓」

教科書　64〜65ページ

がきトリ　英語をなぞり、声に出してみましょう。

できたらチェック！　書く　話す

□タージ・マハール
the Taj Mahal

□マチュピチュ
Machu Picchu

□万里の長城
the Great Wall

□エッフェル塔
the Eiffel Tower

□ローマ
Rome

□自由の女神
the Statue of Liberty

□あなたはタージ・マハールを訪ねることができます。
You can visit the Taj Mahal.

□あなたはマチュピチュを訪ねることができます。
You can visit Machu Picchu.

□あなたはローマを訪ねることができます。
You can visit Rome.

▶読み方が分からないときは、左ページにもどって音声を聞いてみましょう。

やりトリ　訪ねることができる場所を書いて、声に出してみましょう。

できたらチェック！　書く　話す

You can visit ＿＿＿＿＿＿＿＿.

つたえるコツ
visitのviの部分は、「ビ」ではなく「ヴィ」と言うことに気をつけよう。

▶あてはめる英語は、左のページや付録の小冊子、教科書や辞書などから探してみよう！

練習ができたら、次は誰かに伝えてみよう！

ぴったりクイズの答え
答えは3.「お墓」だよ。タージ・マハールはお城みたいに見えるけど、昔のインドの皇帝《こうてい》が妻《つま》のためにつくったお墓なんだね。

ぴったり1 準備

Unit 6
I want to go to Italy. ②

学習日　　月　　日

めあて
その国でできることを伝えよう。

教科書　64〜65ページ

その国でできることの伝え方

きき取り　音声を聞き、声に出してみましょう。　トラック99〜100

せつめい　つたえる　**You can ～.**で、「あなたは～することができます。」と伝えることができます。「～」に、**eat delicious curry**（おいしいカレーを食べる）や、**see the Eiffel Tower**（エッフェル塔《とう》を見る）などを入れて、その国でできることを相手に伝えましょう。

きき取り　音声を聞き、英語の言葉を言いかえて、文を読んでみましょう。　トラック101〜102

You can **eat delicious curry** .

いいかえよう　「できること」を表す英語

□eat delicious curry
（おいしいカレーを食べる）

□see the Eiffel Tower
（エッフェル塔を見る）

□see the Northern Lights（オーロラを見る）

□eat escargots
（エスカルゴを食べる）

□buy maple syrup
（メープルシロップを買う）

□eat pizza
（ピザを食べる）

□see koalas
（コアラを見る）

□eat sushi
（すしを食べる）
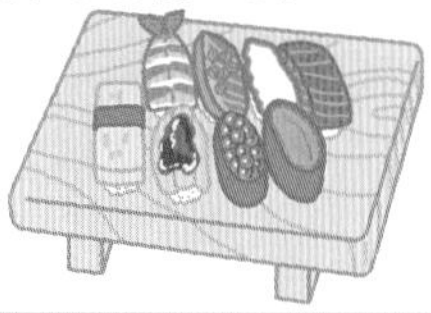

ワンポイント
deliciousは「おいしい」という意味だよ。eat curry（カレーを食べる）でも通じるけれど、deliciousをつけるほうが、おいしさを伝えることができるね。eat delicious pizza（おいしいピザを食べる）と言うこともできるよ。

ぴったり2

練習

学習日　　月　　日

?ぴったりクイズ 答えはこのページの下にあるよ！

インドでは手を使って食事をすることもあるんだけど、そのとき使ってはいけないのは、右手・左手のどちらか分かるかな。

教科書　64～65ページ

かきトリ　英語をなぞり、声に出してみましょう。

できたらチェック！　書く □　話す □

□おいしいカレーを食べる

eat delicious curry

□エッフェル塔を見る

see the Eiffel Tower

□オーロラを見る

see the Northern Lights

□メープルシロップを買う

buy maple syrup

□あなたはおいしいカレーを食べることができます。

You can eat delicious curry.

□あなたはエッフェル塔を見ることができます。

You can see the Eiffel Tower.

▶読み方が分からないときは、左ページにもどって音声を聞いてみましょう。

やりトリ　できることを書いて、声に出してみましょう。

できたらチェック！　書く □　話す □

You can ________.

つたえるコツ

英語のcurryは、日本語の「カレー」とは発音が少しちがうよ。気をつけよう。

▶あてはめる英語は、左のページや付録の小冊子、教科書や辞書などから探してみよう！

練習ができたら、次は誰かに伝えてみよう！

ぴったりクイズの答え 答えは「左手」だよ。インドでは、左手を使わず、右手で食べることがマナーなんだよ。

ぴったり3

確かめのテスト

Unit 6
I want to go to Italy. ①～②

時間 30 分

／100

合格 80 点

教科書 64～65ページ　答え 12ページ

1 音声の内容に合う絵を下の㋐～㋒から選び、(　　)に記号を書きましょう。 トラック103

技能　1問5点(10点)

㋐

㋑

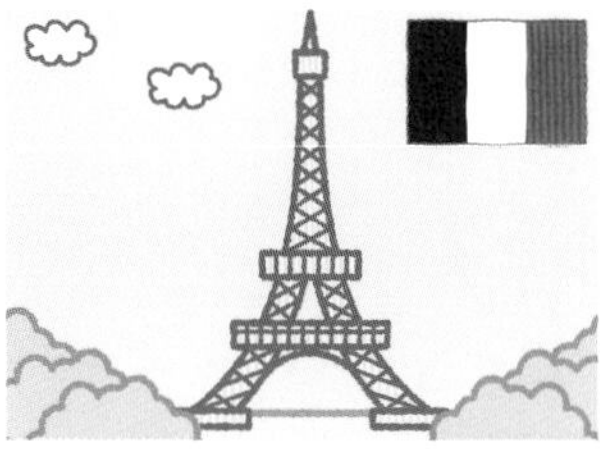

㋒

(1) (　　　　)　(2) (　　　　)

2 音声を聞き、それぞれの人が紹介《しょうかい》していることを㋐～㋓から選び、記号で答えましょう。 トラック104

1問10点(30点)

(1)

Maria

(　　　　)

(2)

Jack

(　　　　)

(3)

Lisa

(　　　　)

㋐

㋑

㋒

㋓

ふりかえり　❷が分からないときは、62、64ページにもどって確認《かくにん》しよう。

3 日本文に合う英語の文になるように、［　］の中から語を選び、［　］に書き、文全体をなぞりましょう。

1問完答で10点(40点)

(1) あなたは万里《ばんり》の長城を訪《たず》ねることができます。

You can ［　　　］ the Great Wall.

(2) あなたはメープルシロップを買うことができます。

You can ［　　　］ maple syrup.

(3) あなたはエスカルゴを食べることができます。

You can ［　　　］ escargots.

(4) あなたはエッフェル塔《とう》を見ることができます。

You ［　　　］ ［　　　］ the Eiffel Tower.

visit　see　eat　can　buy

4 絵の内容に合うように、［　］の中から文を選び、［　］に書きましょう。

思考・判断・表現　1問10点(20点)

(1) 

(2) 

You can see the Northern Lights.　You can visit New York.

You can visit the Taj Mahal.　You can eat delicious pizza.

ぴったり1 準備

3分でまとめ

Unit 6
I want to go to Italy. ③

学習日　月　日

めあて
行きたい国をたずね合おう。

教科書　66～67ページ

行きたい国のたずね方 / 答え方

ききトリ　音声を聞き、声に出してみましょう。　トラック105～106

Where《(フ)ウェア》 do《ドゥ》 you《ユー》 want《ワント》 to《トゥー》 go《ゴゥ》?
あなたはどこへ行きたいですか。

I《アイ》 want《ワント》 to《トゥー》 go《ゴゥ》 to《トゥー》 the《ザ》 U.S.《ユーエス》
わたしはアメリカ合衆国《がっしゅうこく》に行きたいです。

せつめい

たずねる　Where do you want to go?で、「あなたはどこへ行きたいですか。」とたずねることができます。

こたえる　I want to go to ～.で、「わたしは～に行きたいです。」と伝えることができます。「～」に行きたい場所を表す言葉を入れましょう。

ききトリ　音声を聞き、英語の言葉を言いかえて、文を読んでみましょう。　トラック107～108

Where do you want to go?

I want to go to the U.S.

いいかえよう　国を表す英語

□the U.S.
(アメリカ合衆国)

□Italy
(イタリア)

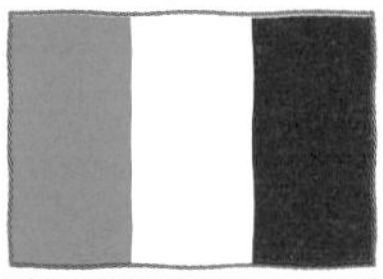

□Kenya
(ケニア)

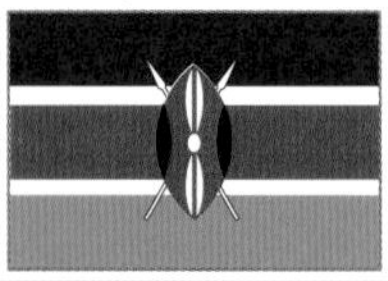

□Korea
(韓国《かんこく》)

□Brazil
(ブラジル)

□China
(中国)

ワンポイント
I want to ～.で「わたしは～したいです。」を表すから、I want to go to～.は「わたしは～へ行きたいです。」という意味になるんだね。

小冊子のp.4～5で、もっと言葉や表現を学ぼう！

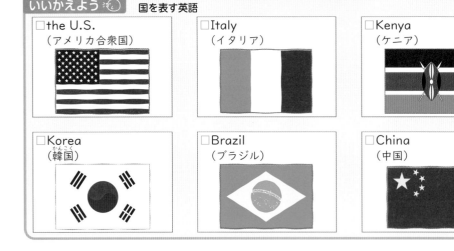

学習日　　月　　日

ぴったりクイズ　答えはこのページの下にあるよ！

アメリカは大きな国だけど、その面積は日本の何倍でしょう。
1.「6倍」　2.「16倍」　3.「26倍」

教科書　66〜67ページ

かきトリ　英語をなぞり、声に出してみましょう。

できたらチェック！　書く　話す

□アメリカ合衆国
the U.S.

□イタリア
Italy

□ケニア
Kenya

□韓国
Korea

□ブラジル
Brazil

□中国
China

□あなたはどこへ行きたいですか。
Where do you want to go?

□わたしはアメリカ合衆国に行きたいです。
I want to go to the U.S.

□わたしはイタリアに行きたいです。
I want to go to Italy.

□わたしはケニアに行きたいです。
I want to go to Kenya.

▶読み方が分からないときは、左ページにもどって音声を聞いてみましょう。

やりトリ　自分が行きたい場所を書いて、声に出してみましょう。

できたらチェック！　書く　話す

Where do you want to go?

I want to go to ＿＿＿＿.

つたえるコツ
「ブラジル」は、英語だと発音が少しちがうから気をつけよう。「ブラズィル」のように発音するよ。

▶あてはめる英語は、左のページや付録の小冊子、教科書や辞書などから探してみよう！

答える練習ができたら、次は誰かに質問してみよう！

ぴったりクイズの答え　答えは3.「26倍」だよ。アメリカはとても大きな国だから、国内を移動するときも飛行機に乗ったり、何日も車を運転したりしないといけないんだ。

ぴったり1 準備

Unit 6
I want to go to Italy. ④

学習日　　月　　日

めあて
行きたい国で何をしたいかをたずね合おう。

教科書　66〜67ページ

何をしたいかのたずね方 / 答え方

ききトリ 音声を聞き、声に出してみましょう。　トラック109〜110

What《(フ)ワット》 do《ドゥ》 you《ユー》 want《ワント》 to《トゥー》 do《ドゥー》?
あなたは何をしたいですか。

I《アイ》 want《ワント》 to《トゥー》 see《スィー》 a《ア》 Major《メイヂャ》 League《リーグ》 baseball《ベイスボール》 game《ゲイム》.
わたしはメジャーリーグの野球の試合を見たいです。

せつめい
たずねる　What do you want to do?で、「あなたは何をしたいですか。」とたずねることができます。
こたえる　I want to ～.で、「わたしは～をしたいです。」と伝えることができます。「～」にしたいことを表す言葉を入れましょう。

ききトリ 音声を聞き、英語の言葉を言いかえて、文を読んでみましょう。　トラック111〜112

What do you want to do?

I want to see a Major League baseball game.

いいかえよう　「したいこと」を表す英語

□see a Major League baseball game
(メジャーリーグの野球の試合を見る)

□see a soccer game
(サッカーの試合を見る)

□see wild animals
(野生の動物を見る)

□eat Korean food
(韓国《かんこく》料理を食べる)

□eat pizza
(ピザを食べる)

□buy Venetian glass
(ベネチアングラスを買う)

□see the Great Wall(万里《ばんり》の長城を見る)

これを知ったらワンダフル!
gameには「カードゲーム」や「テレビゲーム」の意味もあるけど、「(スポーツなどの)試合」という意味もあるよ。

学習日　　月　　日

?ぴったりクイズ 答えはこのページの下にあるよ！

野球は、どこの国から日本に伝えられたか知っているかな。

教科書　66～67 ページ

かきトリ 英語をなぞり、声に出してみましょう。

できたらチェック！ □書く □話す

□メジャーリーグの野球の試合を見る

see a Major League baseball game

□サッカーの試合を見る

see a soccer game

□韓国料理を食べる

eat Korean food

□ベネチアングラスを買う

buy Venetian glass

□あなたは何をしたいですか。

What do you want to do?

□わたしはメジャーリーグの野球の試合を見たいです。

I want to see a Major League baseball game.

▶読み方が分からないときは、左ページにもどって音声を聞いてみましょう。

やりトリ 自分がしたいことを書いて、声に出してみましょう。

できたらチェック！ □書く □話す

What do you want to do?

I want to ＿＿＿＿＿＿＿＿.

つたえるコツ

自分のしたいことが伝わるように、I want to ～.の「～」の部分をしっかり発音しよう。

▶あてはめる英語は、左のページや付録の小冊子、教科書や辞書などから探してみよう！

答える練習ができたら、次は誰かに質問してみよう！

ぴったりクイズの答え

答えはアメリカだよ。1872年に、1人のアメリカ人教師がその生徒たちに野球を伝えたんだ。今では、日本でも人気のあるスポーツだね。

ぴったり3
確かめのテスト

Unit 6
I want to go to Italy. ③〜④

時間 30 分

／100

合格 80 点

教科書 66〜67ページ　答え 13ページ

1 音声の内容に合う絵を下の㋐〜㋒から選び、(　　)に記号を書きましょう。 トラック113

技能 1問5点(10点)

㋐
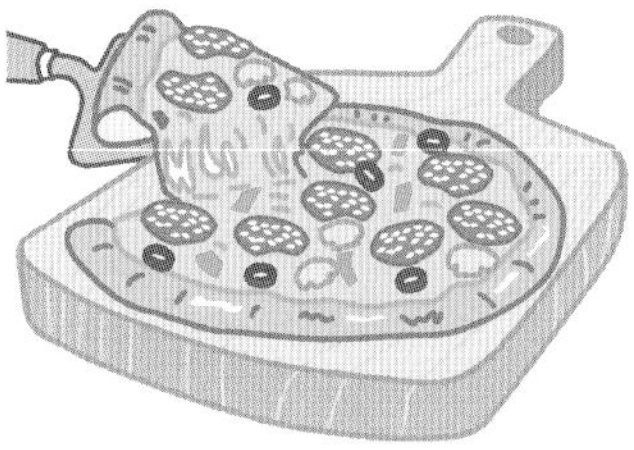

㋑

㋒

(1) (　　　　)　(2) (　　　　)

2 音声を聞き、それぞれの人が行きたい国を㋐〜㋓から選び、記号で答えましょう。 トラック114

1問10点(30点)

(1)

John

(　　　　)

(2)

Lisa

(　　　　)

(3)

Jack

(　　　　)

㋐

China

㋑
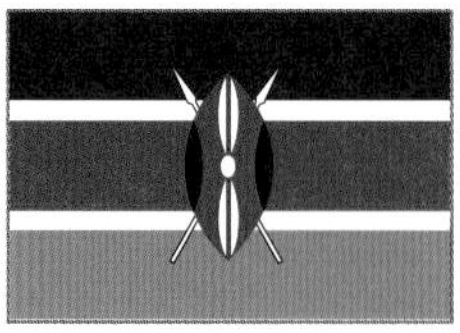

Kenya

㋒

Korea

㋓

Brazil

ふりかえり ❷が分からないときは、68ページにもどって確認(かくにん)しよう。

3 日本文に合う英語の文になるように、[　　　]の中から語句を選び、[　　　]に書き、文全体をなぞりましょう。文の最初の文字は大文字で書きましょう。

1問完答で10点(40点)

(1) あなたはどこへ行きたいですか。

[　　　] do you want to [　　　]?

(2) わたしはアメリカ合衆国《がっしゅうこく》に行きたいです。

I want to go to [　　　]

(3) あなたは何をしたいですか。

[　　　] do you want to [　　　]?

(4) わたしはメジャーリーグの野球の試合を見たいです。

I [　　　] to [　　　] a Major League baseball game.

do　　the U.S.　　where　　see　　go　　what　　want

4 絵の内容に合うように、[　　　]の中から文を選び、[　　　]に書きましょう。

思考・判断・表現　1問10点(20点)

(1) 

Where do you want to go?

—

(2) 

What do you want to do?

—

I want to go to Kenya.　　I want to see a soccer game.

I want to go to Italy.　　I want to see a panda.

この本の終わりにある「冬のチャレンジテスト」をやってみよう！

Unit 7 My Dream ①

学習日　月　日

めあて 入りたい部活動を伝え合おう。

教科書　76~77 ページ

入りたいクラブのたずね方 / 答え方

ききトリ 音声を聞き、声に出してみましょう。　トラック115~116

What《(フ)ワット》 club《クラブ》 do《ドゥ》 you《ユー》 want《ワント》 to《トゥー》 join《ヂョイン》?
あなたはどのクラブに入りたいですか。

I《アイ》 want《ワント》 to《トゥー》 join《ヂョイン》 the《ザ》 drama《ドゥラーマ》 club《クラブ》.
わたしは演劇《えんげき》部《ぶ》に入りたいです。

せつめい

たずねる What club do you want to join?で、「あなたはどのクラブに入りたいですか。」とたずねることができます。

こたえる I want to join ~.で、「わたしは~に入りたいです。」と伝えることができます。「~」に参加したいクラブを表す言葉を入れて答えましょう。

ききトリ 音声を聞き、英語の言葉を言いかえて、文を読んでみましょう。　トラック117~118

What club do you want to join?

I want to join the **drama club** .

いいかえよう クラブを表す英語

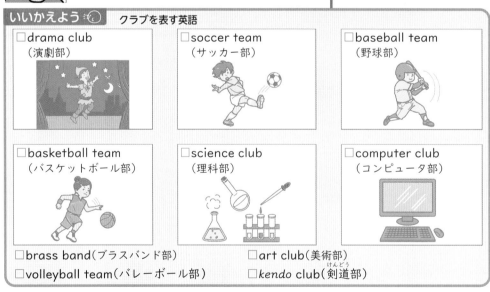

□drama club
(演劇部)

□soccer team
(サッカー部)

□baseball team
(野球部)

□basketball team
(バスケットボール部)

□science club
(理科部)

□computer club
(コンピュータ部)

□brass band(ブラスバンド部)
□art club(美術部)
□volleyball team(バレーボール部)
□*kendo* club(剣道《けんどう》部)

ワンポイント
I want to join~.のjoinは「参加する」という意味の言葉だよ。

小冊子のp.20~21で、もっと言葉や表現を学ぼう!

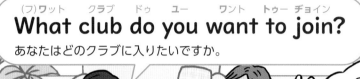

ぴったり2
練習

学習日　　月　　日

?ぴったりクイズ 答えはこのページの下にあるよ！

アメリカの学校では、いくつもの運動部に参加することができるよ。どうしてか分かるかな。

教科書　76～77ページ

かきトリ　英語をなぞり、声に出してみましょう。

できたらチェック！　書く　話す

□演劇部
drama club

□サッカー部
soccer team

□野球部
baseball team

□バスケットボール部
basketball team

□理科部
science club

□コンピュータ部
computer club

□あなたはどのクラブに入りたいですか。
What club do you want to join?

□わたしは演劇部に入りたいです。
I want to join the drama club.

□わたしはサッカー部に入りたいです。
I want to join the soccer team.

▶読み方が分からないときは、左ページにもどって音声を聞いてみましょう。

やりトリ　入りたいクラブを書いて、声に出してみましょう。

できたらチェック！　書く　話す

What club do you want to join?

I want to join ＿＿＿＿＿＿＿＿.

つたえるコツ
clubのbは弱く発音しよう。

▶あてはめる英語は、左のページや付録の小冊子、教科書や辞書などから探してみよう！

答える練習ができたら、次は誰かに質問してみよう！

ぴったりクイズの答え　答えは、「季節によってするスポーツがちがうから」なんだ。だから、たとえば春には野球をして、冬にはバスケットボールをするという生徒もいるんだよ。

ぴったり1 準備

Unit 7 My Dream ②

学習日　　月　　日

めあて
勉強したい教科を伝え合おう。

教科書　76〜77ページ

勉強したい教科のたずね方 / 答え方

ききトリ　音声を聞き、声に出してみましょう。　トラック119〜120

What《(フ)ワット》 do《ドゥ》 you《ユー》 want《ワント》 to《トゥー》 study《スタディ》?
あなたは何を勉強したいですか。

I《アイ》 want《ワント》 to《トゥー》 study《スタディ》 math《マス》.
わたしは算数を勉強したいです。

せつめい
たずねる　What do you want to study?で、「あなたは何を勉強したいですか。」とたずねることができます。
こたえる　I want to study ～.で、「わたしは～を勉強したいです。」と伝えることができます。「～」に勉強したい教科や勉強したいことを表す言葉を入れましょう。

ききトリ　音声を聞き、英語の言葉を言いかえて、文を読んでみましょう。　トラック121〜122

What do you want to study?

I want to study math .

いいかえよう　教科を表す英語

□math
（算数）

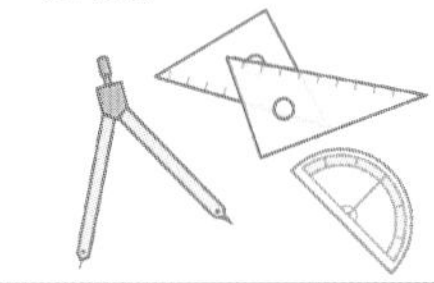

□Japanese
（国語）

□English
（英語）

□social studies
（社会）

□science
（理科）

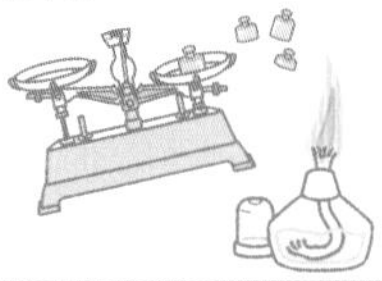

□music
（音楽）

ワンポイント
I want to study art.（わたしは芸術を勉強したいです。）など、studyのあとには教科を表す言葉以外を入れることもできるよ。

小冊子のp.24〜25で、もっと言葉や表現を学ぼう！

ぴったり2
練習

学習日　　月　　日

ぴったりクイズ　答えはこのページの下にあるよ！

アメリカでは、教科によって勉強する教室はちがうんだ。どうしてか分かるかな。

教科書　76〜77 ページ

かきトリ　英語をなぞり、声に出してみましょう。

できたらチェック！　書く　話す

□算数
math

□国語
Japanese

□英語
English

□社会
social studies

□理科
science

□音楽
music

□あなたは何を勉強したいですか。
What do you want to study?

□わたしは算数を勉強したいです。
I want to study math.

□わたしは国語を勉強したいです。
I want to study Japanese.

□わたしは英語を勉強したいです。
I want to study English.

▶読み方が分からないときは、左ページにもどって音声を聞いてみましょう。

やりトリ　勉強したいことを書いて、声に出してみましょう。

できたらチェック！　書く　話す

What do you want to study?

I want to study ＿＿＿＿＿＿.

つたえるコツ

それぞれの教科の英語の言い方は分かるかな。scienceは「サイエンス」と読むよ。

▶あてはめる英語は、左のページや付録の小冊子、教科書や辞書などから探してみよう！

答える練習ができたら、次は誰かに質問してみよう！

ぴったりクイズの答え　答えは、それぞれの先生に自分の教室があるからなんだ。だから、生徒たちは授業を受けるとき、各教科を担当している先生の教室に移動するんだよ。

ぴったり3

確かめのテスト

Unit 7 My Dream ①〜②

時間 30 分

／100

合格 80 点

教科書 76〜77ページ　答え 14ページ

1 音声の内容に合う絵を下の㋐〜㋒から選び、(　　)に記号を書きましょう。 トラック123

技能　1問5点(10点)

㋐

㋑

㋒

(1) (　　　　)　(2) (　　　　)

2 音声を聞き、それぞれの人が勉強したい教科を㋐〜㋓から選び、記号で答えましょう。 トラック124

1問10点(30点)

(1)

Jack

(　　　　)

(2)

Lisa

(　　　　)

(3)

John

(　　　　)

㋐

㋑

㋒

㋓

ふりかえり ❷が分からないときは、74、76ページにもどって確認《かくにん》しよう。

3 日本文に合う英語の文になるように、□の中から語句を選び、□に書き、文全体をなぞりましょう。2回使う言葉もあります。文の最初の文字は大文字で書きましょう。

1問完答で10点(40点)

(1) あなたはどのクラブに入りたいですか。

□ club do you want to □?

(2) わたしは理科部に入りたいです。

I □ to join the □.

(3) あなたは何を勉強したいですか。

□ do you want to □?

(4) わたしは英語を勉強したいです。

I want to study □.

science club　English　want　study　join　what

4 絵の内容に合うように、□の中から文を選び、□に書きましょう。

思考・判断・表現　1問10点(20点)

(1)

____

— I want to join the soccer team.

(2)

What do you want to study?

— ______________________________

What club do you want to join?

I want to study Japanese.

ぴったり1 準備 3分でまとめ

Unit 7 My Dream ③

学習日　月　日

めあて　つきたい職業を伝え合おう。

教科書　78〜79ページ

つきたい職業のたずね方 / 答え方

ききトリ 音声を聞き、声に出してみましょう。　トラック125〜126

What《(フ)ワット》 do《ドゥ》 you《ユー》 want《ワント》 to《トゥー》 be《ビー》?
あなたは何になりたいですか。

I《アイ》 want《ワント》 to《トゥー》 be《ビー》 a《ア》 doctor《ダ(ー)クタァ》.
わたしは医者になりたいです。

せつめい

たずねる What do you want to be?で、「あなたは何になりたいですか。」とたずねることができます。

こたえる I want to be 〜.で、「わたしは〜になりたいです。」と伝えることができます。「〜」に、つきたい職業を表す言葉を入れて答えましょう。

ききトリ 音声を聞き、英語の言葉を言いかえて、文を読んでみましょう。　トラック127〜128

What do you want to be?

I want to be **a doctor** .

いいかえよう 職業を表す英語

□a doctor（医者）

□an actor（俳優《はいゆう》）

□an artist（芸術家）

□a vet（じゅう医）

□an astronaut（宇《う》宙《ちゅう》飛行士）

□a chef（料理長）

□a teacher（先生）
□a soccer player（サッカー選手）
□a farmer（農場経営者）
□a firefighter（消防士）

ワンポイント
I want to be 〜.と言うとき、職業の前のaやanを忘れないように気をつけよう。

小冊子のp.22〜23で、もっと言葉や表現を学ぼう！

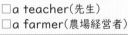

ぴったり2

練習

学習日　　月　　日

?ぴったりクイズ 答えはこのページの下にあるよ！

doctorには、「医者」のほかにも意味があるよ。知っているかな。

教科書　78～79ページ

がきトリ　英語をなぞり、声に出してみましょう。

できたらチェック！　書く □　話す □

□医者
a doctor

□俳優
an actor

□芸術家
an artist

□じゅう医
a vet

□宇宙飛行士
an astronaut

□料理長
a chef

□先生
a teacher

□サッカー選手
a soccer player

□あなたは何になりたいですか。
What do you want to be?

□わたしは医者になりたいです。
I want to be a doctor.

□わたしは俳優になりたいです。
I want to be an actor.

▶読み方が分からないときは、左ページにもどって音声を聞いてみましょう。

やりトリ　将来の夢を書いて、声に出してみましょう。

できたらチェック！　書く □　話す □

What do you want to be?

I want to be ＿＿＿＿＿＿.

つたえるコツ

聞かれたことの答えを、強く発音しよう。

▶あてはめる英語は、左のページや付録の小冊子、教科書や辞書などから探してみよう！

答える練習ができたら、次は誰かに質問してみよう！

ぴったりクイズの答え　答えは「博士《はかせ》」だよ。いくつかの意味を持っている言葉もあるから、辞書があれば意味を調べてみよう。

Unit 7 My Dream ④

学習日　月　日

めあて
その職業につきたい理由を伝え合おう。

教科書 78〜79ページ

理由のたずね方 / 答え方

ききトリ 音声を聞き、声に出してみましょう。 トラック129〜130

せつめい
たずねる　Why?で、「どうしてですか。」と理由をたずねることができます。
こたえる　I want to ～.で、「わたしは～したいです。」と伝えることができます。「～」に動作を表す言葉を入れて答えましょう。

ききトリ 音声を聞き、英語の言葉を言いかえて、文を読んでみましょう。 トラック131〜132

Why?

I want to help people.

いいかえよう　「したいこと」を表す英語

□help people
（人々を助ける）

□go to space
（宇宙《うちゅう》へ行く）

□see the world
（世界を見る）

□draw pictures
（絵をかく）

□help animals
（動物を助ける）

□play soccer
（サッカーをする）

ワンポイント
go to space(宇宙へ行く)のtoを忘れないようにしよう。

ぴったり2

練習

学習日　　月　　日

?ぴったりクイズ 答えはこのページの下にあるよ！

月まで飛行機で行くとしたら、どれくらいかかるか分かるかな。

教科書 78～79ページ

かきトリ 英語をなぞり、声に出してみましょう。

できたらチェック！ 書く □ 話す □

□人々を助ける

help people

□宇宙へ行く

go to space

□世界を見る

see the world

□絵をかく

draw pictures

□動物を助ける

help animals

□サッカーをする

play soccer

□どうしてですか。

Why?

□わたしは人々を助けたいです。

I want to help people.

□わたしは宇宙へ行きたいです。

I want to go to space.

▶読み方が分からないときは、左ページにもどって音声を聞いてみましょう。

やりトリ その職業につきたい理由を書いて、声に出してみましょう。

できたらチェック！ 書く □ 話す □

Why?

I want to ______________.

つたえるコツ

相手に伝わるように、理由の部分をはっきり言おう。

▶あてはめる英語は、左のページや付録の小冊子、教科書や辞書などから探してみよう！

答える練習ができたら、次は誰かに質問してみよう！

ぴったりクイズの答え 答えは「約1か月」だよ。宇宙飛行士が乗るロケットだと、月まで約2日で行くことができるよ。

ぴったり3

確かめのテスト

Unit 7 My Dream ③～④

時間 30 分

/100

合格 80 点

教科書 78～79ページ　答え 15ページ

1 音声の内容に合う絵を下の㋐～㋒から選び、(　　)に記号を書きましょう。 トラック133

技能　1問5点(10点)

㋐
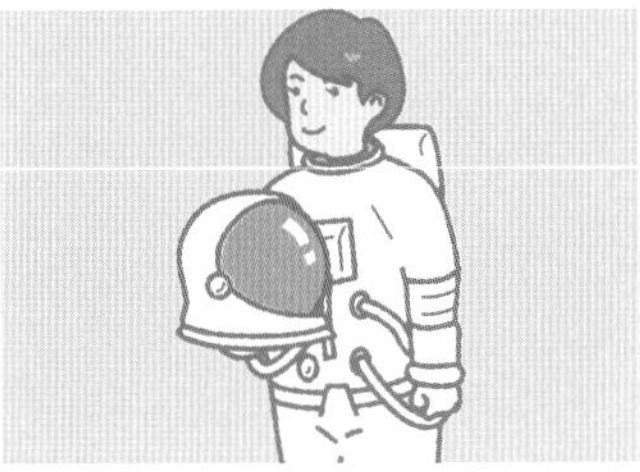

㋑

㋒

(1) (　　　　)　(2) (　　　　)

2 音声を聞き、それぞれの人がなりたい職業を㋐～㋓から選び、記号で答えましょう。 トラック134

1問10点(30点)

(1)

Jack

(　　　　)

(2)

Lisa

(　　　　)

(3)

John

(　　　　)

㋐

㋑

㋒

㋓

ふりかえり　**2**が分からないときは、80、82ページにもどって確認《かくにん》しよう。

3 日本文に合う英語の文になるように、[　　]の中から語を選び、[　　]に書き、文全体をなぞりましょう。文の最初の文字は大文字で書きましょう。

1問完答で10点(40点)

(1) あなたは何になりたいですか。

[　　　] do you want to [　　] ?

(2) わたしはロボットクリエイターになりたいです。

I [　　　] [　　] be a robot creator.

(3) どうしてですか。

[　　　] ?

(4) わたしはロボットを作りたいです。

I want to [　　　] robots.

why　　be　　to　　make　　what　　want

4 男の子がなりたい職業とその理由について、教室でスピーチをします。絵の内容に合うように、[　　]の中から文を選び、[　　]に書きましょう。

思考・判断・表現　1問10点(20点)

Jack

(1)

(2)

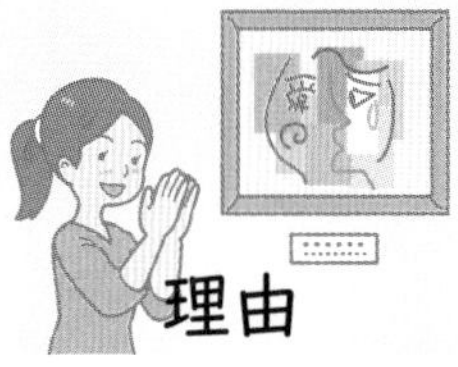

(1) ______________________

(2) ______________________

I want to help animals.　　I want to be a vet.

I want to draw pictures.　　I want to be an artist.

Unit 8 My Best Memory ①

学習日　月　日

めあて
思い出に残った学校行事を伝え合おう。

教科書　86～87ページ

思い出に残った学校行事のたずね方 / 答え方

ききトリ 音声を聞き、声に出してみましょう。　トラック135～136

What's《(フ)ワッツ》 your《ユア》 best《ベスト》 memory《メモリィ》?
あなたのいちばんいい思い出は何ですか。

My《マイ》 best《ベスト》 memory《メモリィ》
わたしのいちばんいい思い出は、
is《イズ》 our《アウア》 sports《スポーツ》 day《デイ》.
わたしたちの運動会です。

せつめい
たずねる What's your best memory?で、「あなたのいちばんいい思い出は何ですか。」とたずねることができます。
こたえる My best memory is ～.で、「わたしのいちばんいい思い出は～です。」と伝えることができます。「～」に思い出に残っている学校行事を表す言葉を入れて相手に伝えましょう。

ききトリ 音声を聞き、英語の言葉を言いかえて、文を読んでみましょう。　トラック137～138

What's your best memory?

My best memory is our **sports day**.

いいかえよう　学校行事を表す英語

□sports day
（運動会）

□field trip
（社会見学）

□music festival
（音楽会）

□volunteer day
（ボランティアの日）

□drama festival
（学芸会）

□school trip
（修学旅行）

□swimming meet（水泳大会）
□camping trip（キャンプ旅行）
□entrance ceremony（入学式）

ワンポイント
What's your best memory?のbestは「最もよい」という意味を表す言葉だよ。

小冊子のp.18～19で、もっと言葉や表現を学ぼう！

ぴったり2

練習

学習日　　月　　日

?ぴったりクイズ 答えはこのページの下にあるよ！

いつから学校で運動会をするようになったのか分かるかな。

1. 江戸《えど》時代　2. 明治《めいじ》時代　3. 昭和《しょうわ》時代

教科書　86～87 ページ

かきトリ　英語をなぞり、声に出してみましょう。

できたらチェック！　書く　話す

□運動会

sports day

□音楽会

music festival

□社会見学

field trip

□ボランティアの日

volunteer day

□学芸会

drama festival

□修学旅行

school trip

□あなたのいちばんいい思い出は何ですか。

What's your best memory?

□わたしのいちばんいい思い出はわたしたちの運動会です。

My best memory is our sports day.

□わたしのいちばんいい思い出はわたしたちの社会見学です。

My best memory is our field trip.

▶読み方が分からないときは、左ページにもどって音声を聞いてみましょう。

やりトリ　いちばんいい思い出を書いて、声に出してみましょう。

できたらチェック！　書く　話す

What's your best memory?

つたえるコツ

What's your best memory?
の最後は声の調子を下げよう。

My best memory is ＿＿＿＿＿＿＿＿.

▶あてはめる英語は、左のページや付録の小冊子、教科書や辞書などから探してみよう！

答える練習ができたら、次は誰かに質問してみよう！

ぴったりクイズの答え　答えは2.「明治時代」だよ。ずっと前から、運動会は行われてきたんだね。昔の小学生も運動会でいい思い出をつくっていたのかな。

ぴったり1 準備

Unit 8 My Best Memory ②

学習日 月 日

めあて
学校行事でしたことを伝え合おう。

教科書 88～89ページ

学校行事でしたことの伝え方

ききトリ 音声を聞き、声に出してみましょう。 トラック139～140

My《マイ》 best《ベスト》 memory《メモリィ》 is《イズ》 our《アウア》 school《スクール》 trip《トゥリップ》.
わたしのいちばんいい思い出は、わたしたちの修学旅行です。

We《ウィー》 saw《ソー》 many《メニィ》 temples《テンプルズ》.
わたしたちはたくさんの寺を見ました。

せつめい つたえる My best memory is ～.で、「わたしのいちばんいい思い出は～です。」と伝えることができます。「～」に思い出に残っている学校行事を表す言葉を入れましょう。
We saw ～.で、「わたしたちは～を見ました。」と伝えることができます。「～」に見たものを表す言葉を入れて相手に伝えましょう。

ききトリ 音声を聞き、英語の言葉を言いかえて、文を読んでみましょう。 トラック141～142

My best memory is our school trip.

We saw many temples .

いいかえよう 「したこと」を表す英語

□saw many temples
（たくさんの寺を見た）

□saw many cars
（たくさんの車を見た）

□played *Momotaro*
（「桃太郎《ももたろう》」を演じた）

□cleaned the park
（公園をそうじした）

□sang songs
（歌を歌った）

□played volleyball
（バレーボールをした）

□saw a castle（城を見た）
□went to the car factory（車工場へ行った）

これを知ったらワンダフル！
「歌った」と言うときは、sing（歌う）のかわりにsangを使うんだね。

ぴったり2
練習

学習日　月　日

ぴったりクイズ　答えはこのページの下にあるよ！

日本でいちばんお寺が多い都道府県はどこか知ってるかな。

教科書　88～89 ページ

かきトリ　英語をなぞり、声に出してみましょう。

できたらチェック！　書く　話す

□たくさんの寺を見た
saw many temples

□たくさんの車を見た
saw many cars

□「桃太郎」を演じた
played Momotaro

□公園をそうじした
cleaned the park

□歌を歌った
sang songs

□バレーボールをした
played volleyball

□わたしのいちばんいい思い出は、わたしたちの修学旅行です。
My best memory is our school trip.

□わたしたちはたくさんの寺を見ました。
We saw many temples.

▶読み方が分からないときは、左ページにもどって音声を聞いてみましょう。

やりトリ　学校行事でしたことを書いて、声に出してみましょう。

できたらチェック！　書く　話す

We ＿＿＿＿＿＿＿＿.

つたえるコツ

文はWe(わたしたちは)ではじまっているね。みんなでしたことを思い出して言ってみよう。

▶あてはめる英語は、左のページや付録の小冊子、教科書や辞書などから探してみよう！

練習ができたら、次は誰かに伝えてみよう！

ぴったりクイズの答え　答えは愛知県だよ。お寺というと、京都や奈良を思いうかべるけど、実は愛知県にたくさんお寺があるんだ。

ぴったり3 確かめのテスト

Unit 8 My Best Memory ①〜②

時間 30分　／100　合格 80点

教科書 86〜89ページ　答え 16ページ

1 音声の内容に合う絵を下の㋐〜㋒から選び、(　　)に記号を書きましょう。 トラック143

技能 1問5点(10点)

㋐

㋑

㋒

(1) (　　　　)　(2) (　　　　)

2 音声を聞き、それぞれの人の思い出と、その行事でしたことを線で結びましょう。 トラック144

1問完答で10点(30点)

(1)

Yuki　・　・　volunteer day　・　・

(2)

Sho　・　・　camping trip　・　・

(3)

Lisa　・　・　music festival　・　・

ふりかえり ❷が分からないときは、86、88ページにもどって確認《かくにん》しよう。

3 日本文に合う英語の文になるように、[　　]の中から語句を選び、[　　]に書き、文全体をなぞりましょう。2回使う言葉もあります。文の最初の文字は大文字で書きましょう。

1問完答で10点(30点)

(1) あなたのいちばんいい思い出は何ですか。

[　　　] your best [　　　] ?

(2) わたしのいちばんいい思い出は、わたしたちの修学旅行です。

My best [　　　] is our [　　　] .

(3) わたしたちはたくさんの寺を見ました。

We [　　　] many temples.

school trip　　what's　　saw　　memory

4 男の子が思い出の行事について、教室でスピーチをします。絵の内容に合うように、[　　]の中から文を選び、[　　]に書きましょう。

思考・判断・表現　1問15点(30点)

Hi. I'm Yuto.

(1) ______________________________

(2) ______________________________

My best memory is our field trip.

My best memory is our swimming meet.

We saw many cars.　　We enjoyed a swimming race.

ぴったり1 準備

3分でまとめ

Unit 8 My Best Memory ③

学習日　　月　　日

めあて
学校行事で見たものの様子や、したことの感想を伝え合おう。

教科書　88～89ページ

思い出に残った学校行事の感想の伝え方

ききトリ　音声を聞き、声に出してみましょう。　トラック145～146

We《ウィー》 went《ウェント》 to《トゥ》 Nikko《ニッコー》.

わたしたちは日光《にっこう》へ行きました。

We《ウィー》 saw《ソー》 the《ザ》 “Sleeping《スリーピング》 Cat《キャット》.”　**It《イット》 was《ワズ》 small《スモール》.**

わたしたちは「眠《ねむ》り猫《ねこ》」を見ました。　それは小さかったです。

せつめい　つたえる　We went to Nikko.で、「わたしたちは日光へ行きました。」と伝えることができます。We saw the “Sleeping Cat.” It was ～.で、「わたしたちは『眠り猫』を見ました。それは～でした。」と伝えることができます。「～」に、何かを見たり、何かをしたりしたときの感想を入れて伝えましょう。

ききトリ　音声を聞き、英語の言葉を言いかえて、文を読んでみましょう。　トラック147～148

It was small .

いいかえよう　様子や感想を表す英語

□small（小さい）

□fun（楽しい）

□interesting（おもしろい）

□beautiful（美しい）

□big（大きい）
□great（すばらしい）

□fantastic（すごい）

□cool（かっこいい）
□exciting（わくわくする）

□delicious（おいしい）

□cute（かわいい）

ワンポイント
「～だった」と言うときは、isのかわりにwasを使うよ。

小冊子のp.26～27で、もっと言葉や表現を学ぼう！

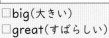

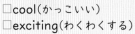

ぴったり2
練習

学習日　　月　　日

ぴったりクイズ 答えはこのページの下にあるよ！

猫は、1日のうち、どれくらいの時間ねているか知っているかな。

教科書　88〜89ページ

かきトリ　英語をなぞり、声に出してみましょう。

できたらチェック！　書く□　話す□

□小さい
small

□楽しい
fun

□おもしろい
interesting

□美しい
beautiful

□すごい
fantastic

□おいしい
delicious

□わたしたちは日光へ行きました。
We went to Nikko.

□わたしたちは「眠り猫」を見ました。
We saw the "Sleeping Cat."

□それは小さかったです。
It was small.

□それは楽しかったです。
It was fun.

□それはおもしろかったです。
It was interesting.

▶読み方が分からないときは、左ページにもどって音声を聞いてみましょう。

やりトリ　思い出に残った学校行事の感想を書いて、声に出してみましょう。

できたらチェック！　書く□　話す□

It was ＿＿＿＿＿＿＿＿.

つたえるコツ

学校行事のことを思い出して、そのときの気持ちが伝わるように言ってみよう。

▶あてはめる英語は、左のページや付録の小冊子、教科書や辞書などから探してみよう！

練習ができたら、次は誰かに伝えてみよう！

ぴったりクイズの答え　答えは1日の3分の2、約15時間だよ。猫がよくねるのは、体力を温存《おんぞん》するためだと言われているよ。毎日そんなにねているなんて、おどろきだね。

ぴったり3 確かめのテスト

Unit 8
My Best Memory ③

時間 30 分

/100

合格 80 点

教科書 88～89ページ　答え 17ページ

1 音声の内容に合う絵を下の㋐～㋒から選び、(　　)に記号を書きましょう。 トラック149

技能 1問5点(10点)

㋐

㋑

㋒

(1) (　　　　)　(2) (　　　　)

2 音声を聞き、それぞれの人が思い出に残っている行事でしたことと、その感想を線で結びましょう。 トラック150

1問完答で10点(30点)

(1)

Jack ・　　・  ・　　・ exciting

(2)

Lisa ・　　・  ・　　・ beautiful

(3)

Sho ・　　・  ・　　・ fantastic

ふりかえり ②が分からないときは、92ページにもどって確認(かくにん)しよう。

3 日本文に合う英語の文になるように、［　　］の中から語を選び、［　　］に書き、文全体をなぞりましょう。

1問完答で10点(40点)

(1) わたしたちは京都へ行きました。

We ＿＿＿＿ to Kyoto.

(2) わたしたちはぎおん祭りを見ました。

We ＿＿＿＿ the Gion Festival.

(3) それはかっこよかったです。

It was ＿＿＿＿.

(4) それはおもしろかったです。

It ＿＿＿＿ interesting.

cool　went　was　saw

4 女の子が思い出の行事について、教室でスピーチをします。絵の内容に合うように、［　　］の中から文を選び、［　　］に書きましょう。

思考・判断・表現　1問10点(20点)

Hello. I'm Yumi.

My best memory is our music festival.

(1) ＿＿＿＿＿＿＿＿

(2) ＿＿＿＿＿＿＿＿

We sang songs.　It was delicious.

We cleaned the park.　It was fun.

この本の終わりにある「春のチャレンジテスト」をやってみよう！

この本の終わりにある「学力診断テスト」をやってみよう！

パズルにチャレンジ！

1 絵に合う英語を３つ見つけて○でかこみましょう。

s	l	r	e	p	y	s	k
z	f	u	q	m	l	a	s
b	a	n	e	b	a	l	x
t	v	y	w	d	e	a	c
g	b	m	z	r	i	d	t
u	s	o	c	c	e	r	a

2 絵に合う英語になるように、□にアルファベットを書きましょう。

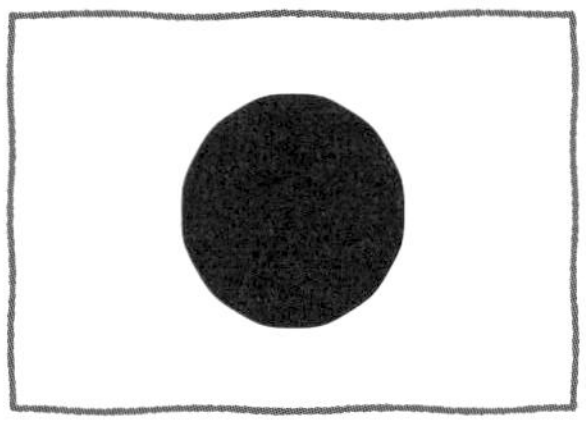

	□	a	p	□	n	
			i			
			□			
			z			
g	i	r	□	□	f	e

【こたえ】

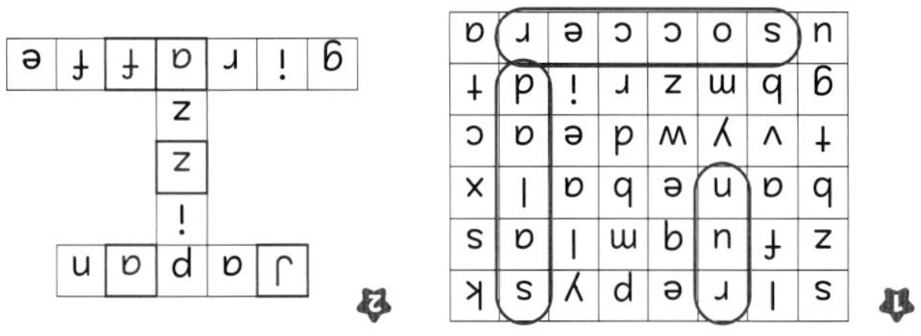

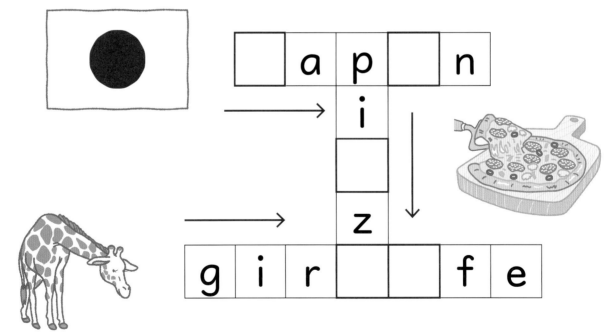

スピーキングにチャレンジ

スピーキングアプリ

このマークがあるページで、アプリを使うよ！

はじめに

- この章《しょう》は、ふろくの専用《せんよう》アプリ「ぴたトレスピーキング」を使用《しよう》して学習《がくしゅう》します。
  以下《いか》のストアから「ぴたトレスピーキング」と検索《けんさく》、ダウンロードしてください。

Google Play で手に入れよう　App Store からダウンロード

- 学習《がくしゅう》する学年をえらんだら、以下のアクセスコードを入力してご利用《りよう》ください。

675　※このアクセスコードは学年によって異なります。

- くわしい使い方は、アプリの中の「このアプリについて」をご確認《かくにん》ください。

アプリのせつめい

- このアプリでは、英語を話す練習ができます。
- 会話のときは、役になりきって、じっさいの会話のようにターンごとに練習することができます。
- スコアは「発音」「よくよう（アクセント）」をもとに判定《はんてい》されます。

スピーキング紙面のせつめい

はじめに　単語《たんご》の発音《はつおん》を練習《れんしゅう》しましょう。

① happy　② tired

やりトリ　会話の練習をしましょう。

エミとケンタがあいさつをしています。アプリに音声をふきこんで、正しい発音を身につけましょう。

Emi: Hello. How are you?
こんにちは。お元気ですか。

Kenta: I'm great, thank you.
とても元気です、ありがとうございます。

やりトリ　もう一度練習をしましょう。

アプリを使って、会話の練習をしましょう。80点がとれたら、今度は　の言葉を自分で言いかえてみましょう。

Emi : Hello. How are you?
Kenta : I'm great , thank you.
・fine　・sleepy　・hungry

単語の発音の練習をしましょう。

会話の練習をします。どちらか一方になったつもりで話してみましょう。一方が終わったら、もう一方のターンの練習もすることができます。

言いかえることのできる言葉を選《えら》んで、読んでみましょう。

●推奨環境　スマートフォン、タブレット等（iOS16以上/Android11以上）

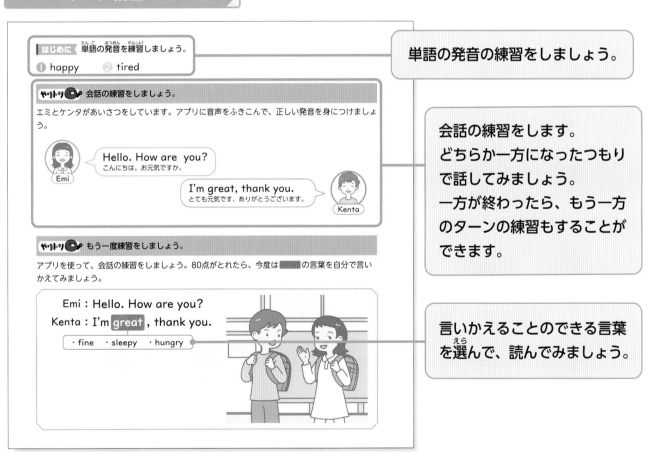

学習日　　月　　日

第1回 自分の大切なものについて言う

スピーキングアプリ

はじめに 単語の発音を練習しましょう。

① fox　② xylophone　③ box

やりトリ 会話の練習をしましょう。

エミとケンタがおたがいの宝物について話しています。アプリに音声をふきこんで、正しい発音を身につけましょう。

Emi

What is your treasure?
あなたの宝物はなんですか。

Kenta

My treasure is this glove.
It's from my mother.
わたしの宝物はこのグローブです。わたしのお母さんからのものです。

Emi

I see. Are you good at playing baseball?
なるほど。あなたは野球をするのが得意ですか。

Kenta

Yes, I am.
はい、そうです。

やりトリ 発表の練習をしましょう。

教室で行われている発表について、エミになったつもりでアプリを使って練習してみましょう。
80点がとれたら、今度は■の言葉を自分で言いかえてみましょう。

Hello, I'm Emi.

I'm from **Japan** .

・Korea　・the U.S.　・Kenya

My treasure is my **violin** .

・soccer ball　・shoes　・bat

I'm interested in **music** .

・soccer　・hiking　・baseball

学習日　　月　　日

第2回 毎日の日課について言う

スピーキングアプリ

はじめに 単語の発音を練習しましょう。

1 cards　　2 desks　　3 boxes　　4 special

ヤリトリ 会話の練習をしましょう。

エミとケンタがいつもの日課について話しています。アプリに音声をふきこんで、正しい発音を身につけましょう。

Emi

What time do you usually go to bed?
あなたはふだん何時にねますか。

Kenta

I usually go to bed at 9:00.
What do you do at 5:00?
わたしはふだん9時にねます。あなたは5時に何をしますか。

Emi

I usually walk my dog.
わたしはたいていイヌを散歩させます。

Kenta

Oh, that's good.
わあ、それはいいですね。

ヤリトリ 発表の練習をしましょう。

教室で行われている発表について、エミになったつもりでアプリを使って練習してみましょう。
80点がとれたら、今度は■の言葉を自分で言いかえてみましょう。

This is my daily schedule.

I always get up at **seven**.

・six　・seven thirty　・eight

I usually play tennis at **three**.

・one thirty　・five　・six

I **sometimes** go to bed at 9:30 p.m.

・always　・usually　・never

学習日　　月　　日

第3回　過去にしたこととその感想を伝える

スピーキングアプリ

はじめに　単語の発音を練習しましょう。

① favorite　② enjoyed　③ watched

ヤリトリ　会話の練習をしましょう。

エミとケンタが週末したことについて話しています。アプリに音声をふきこんで、正しい発音を身につけましょう。

Emi: How was your weekend?
週末はどうでしたか。

Kenta: It was great. I went to the beach.
とてもよかったです。わたしはビーチにいきました。

Emi: Sounds good!
いいですね！

Kenta: I enjoyed swimming.
泳ぐのを楽しみました。

ヤリトリ　発表の練習をしましょう。

教室で行われている発表について、エミになったつもりでアプリを使って練習してみましょう。
80点がとれたら、今度はの言葉を自分で言いかえてみましょう。

I went to the **park** with my friends.

・restaurant　・department store　・aquarium

I **ate *takoyaki*** there.

・ate curry and rice　・enjoyed shopping　・saw fish

It was fun.

学習日　　月　　日

第4回 行きたい国とその理由を伝える

スピーキングアプリ

はじめに 単語の発音を練習しましょう。

① cool　② interesting　③ visit

やりトリ 会話の練習をしましょう。

エミとケンタが行きたい場所について話しています。アプリに音声をふきこんで、正しい発音を身につけましょう。

Where do you want to go?
あなたはどこにいきたいですか。

I want to go to Spain.
わたしはスペインに行きたいです。

Why?
なぜですか。

I can see soccer games.
わたしはサッカーの試合を見ることができます。

やりトリ 発表の練習をしましょう。

教室で行われている発表について、エミになったつもりでアプリを使って練習してみましょう。
80点がとれたら、今度は ■ の言葉を自分で言いかえてみましょう。

Let's go to **the U.S.**

・Australia　・Brazil　・France

You can visit **the statue of liberty** .

・the Sydney Opera House　・the Rio Carnival　・museums

It's **beautiful** .

・amazing　・exciting　・great

第5回 生き物について伝える

スピーキングアプリ

はじめに 単語の発音を練習しましょう。

1 whale　2 owl　3 ant

ヤリトリ 会話の練習をしましょう。

エミとケンタがライオンについて話しています。アプリに音声をふきこんで、正しい発音を身につけましょう。

Emi: Where do lions live?
ライオンはどこにすんでいますか。

Kenta: Lions live in savanna.
ライオンはサバンナにすんでいます。

Emi: What do lions eat?
ライオンは何を食べますか。

Kenta: Lions eat zebras.
ライオンはシマウマを食べます。

ヤリトリ 発表の練習をしましょう。

教室で行われている発表について、エミになったつもりでアプリを使って練習してみましょう。80点がとれたら、今度は■の言葉を自分で言いかえてみましょう。

Bears live

・Polar bears　・Sea turtles　・Elephants

in the forests.

・on the ice　・in the sea　・in savanna

Forest loss is a big problem.

・Global warming　・Plastics　・Hunting

学習日　　月　　日

第6回 一番の思い出を伝える

スピーキングアプリ

はじめに 単語の発音を練習しましょう。

1 volunteer　　2 evacuation drill

やりトリ 会話の練習をしましょう。

エミとケンタが学校生活の一番の思い出について話しています。アプリに音声をふきこんで、正しい発音を身につけましょう。

Emi

What's your best memory?
あなたの一番の思い出はなんですか。

My best memory is our school trip.
We went to Hokkaido.
We ate delicious seafood.
わたしの一番の思い出は修学旅行です。
わたしたちは北海道に行きました。
わたしたちはおいしい海鮮料理をたべました。

Kenta

やりトリ 発表の練習をしましょう。

教室で行われている発表について、エミになったつもりでアプリを使って練習してみましょう。
80点がとれたら、今度は■の言葉を自分で言いかえてみましょう。

My best memory is our **chorus contest** .

・drama festival　・field trip　・school trip

We **sang songs** .

・played Kaguyahime　・went to a car factory　・saw Mt. Fuji

It was **great** .

・fun　・interesting　・beautiful

学習日　　月　　日

第7回 将来の夢を伝える

スピーキングアプリ

はじめに 単語の発音を練習しましょう。

1 journalist　　2 researcher　　3 astronaut

やりトリ 会話の練習をしましょう。

エミとケンタが中学で入りたい部活について話しています。アプリに音声をふきこんで、正しい発音を身につけましょう。

What club do you want to join?
あなたは何の部活にはいりたいですか。

I want to join the baseball team.
わたしは野球チームにはいりたいです。

What do you want to be?
あなたは将来何になりたいですか。

I want to be a baseball player.
わたしは野球選手になりたいです。

やりトリ 発表の練習をしましょう。

教室で行われている発表について、エミになったつもりでアプリを使って練習してみましょう。
80点がとれたら、今度は ■ の言葉を自分で言いかえてみましょう。

I like **arts and crafts** .

・home economics　・music　・animals

I'm good at **drawing** .

・cooking　・singing　・science

I want to be **an artist** .

・a chef　・a singer　・a vet

3 音声を聞き、それぞれの人の出身地を㋐～㋒から、得意なことを㋓～㋕から選び、（　　）に記号を書きましょう。

トラック153　1問完答で5点（15点）

(1)

Diana

出身地

（　　）

得意なこと

（　　）

(2)

Marco

出身地

（　　）

得意なこと

（　　）

(3)

Emily

出身地

（　　）

得意なこと

（　　）

㋐

カナダ

㋑

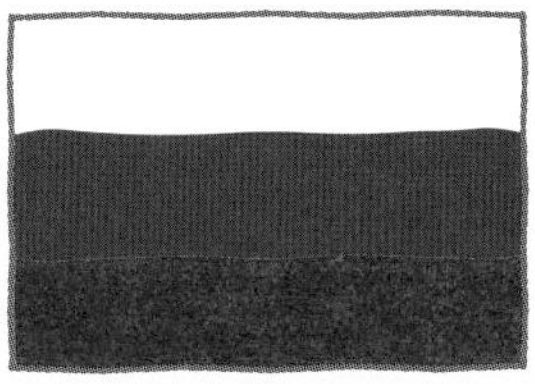

ロシア

㋒

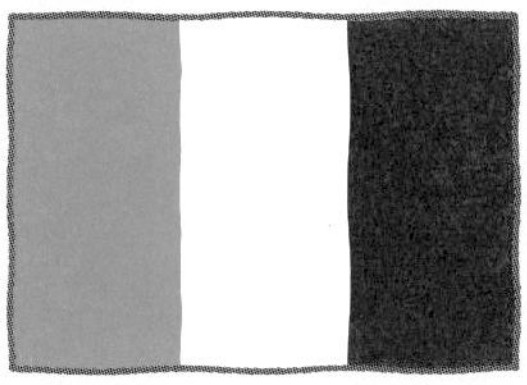

イタリア

㋓

㋔

㋕

4 音声を聞き、日本語で問いに答えましょう。

トラック154　1問5点（10点）

(1)　ケンジが紹介《しょうかい》している行事は何ですか。　（　　　　）

(2)　その行事では何をすることができますか。　（　　　　）

（切り取り線）

うらにも問題があります。

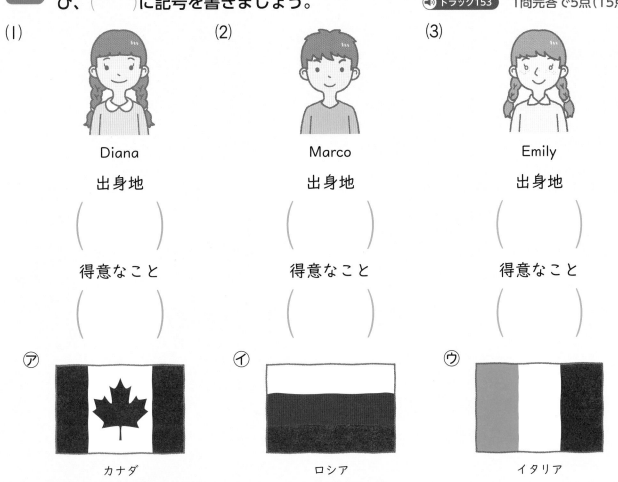

知識・技能

5 絵の内容に合うように、□からことばを選んで□に書きましょう。

1問5点(15点)

(1)

(2)

(3)

skiing　running　singing

6 日本文に合う英語の文になるように、□の中からことばを選んで□に書き、文全体をなぞりましょう。文の最初の文字は大文字で書きましょう。

1問完答で5点(15点)

(1) あなたはどこの出身ですか。

＿＿＿ are you ＿＿＿?

(2) 私はいつも犬を散歩させます。

I ＿＿＿ ＿＿＿ the dog.

(3) あなたはそばを食べることができます。

You ＿＿＿ ＿＿＿ soba.

walk　eat　from

can　always　where

（切り取り線）

7 女の子がスピーチをします。絵の内容に合うように、[　　]の中からことばを選んで[　　]に書き、文全体をなぞりましょう。

1問5点(15点)

(1)

(2)
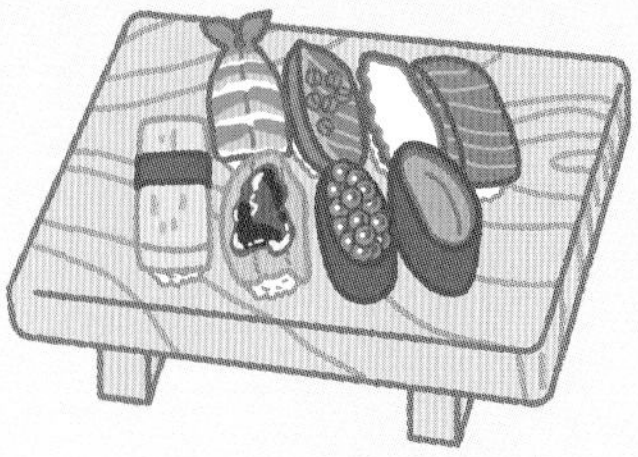

(3)

(1) In fall, we have ______ .

(2) In Japan, you can ______ .

(3) You can ______ .

visit a castle	eat sushi
tsukimi	Children's Day

8 日本文に合うように、グレーの部分はなぞり、[　　]にことばを入れましょう。文の最初の文字は大文字で書きましょう。

1問5点(10点)

(1) 私はフランス出身です。

______ .

(2) 私はおどることが得意です。

I'm good at ______ .

(切り取り線)

夏のチャレンジテスト

教科書　14〜39ページ

月　　日

名前

時間　40分

知識・技能	思考・判断・表現	合格80点
/50	/50	/100

答え18〜19ページ

知識・技能

1 音声の内容に合う絵を下から選び、(　　)に記号を書きましょう。

トラック151　1問5点(10点)

㋐

インド

㋑

ドイツ

㋒

ブラジル

(1)(　　　)　(2)(　　　)

2 音声の内容に合う絵を下から選び、(　　)に記号を書きましょう。

トラック152　1問5点(10点)

(1)　㋐

㋑

㋒

(2)　㋐

㋑
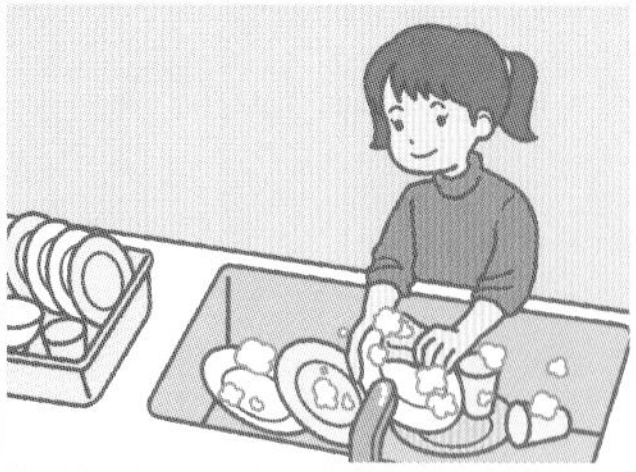

㋒

(1)(　　　)　(2)(　　　)

(切り取り線)

冬のチャレンジテスト

教科書 44〜69ページ

月　日

名前

時間 40分

知識・技能	思考・判断・表現	合格80点
/50	/50	/100

答え20〜21ページ

知識・技能

1 音声の内容に合う絵を下から選び、（　　）に記号を書きましょう。

トラック155　1問5点（10点）

ア

イ
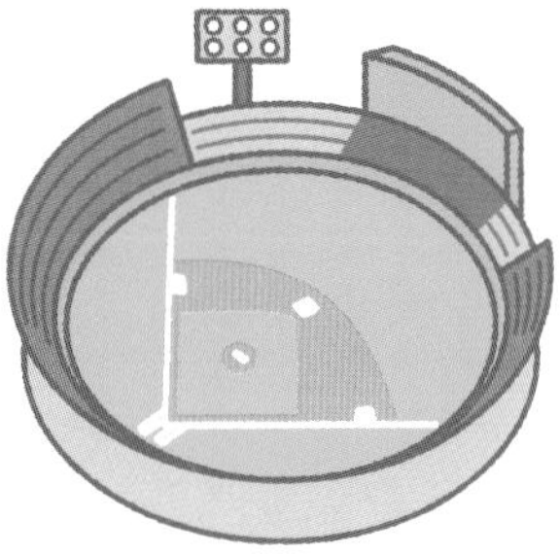

ウ

(1)（　　）　(2)（　　）

2 音声の内容に合う絵を下から選び、（　　）に記号を書きましょう。

トラック156　1問5点（10点）

(1)

ア

イ

ウ
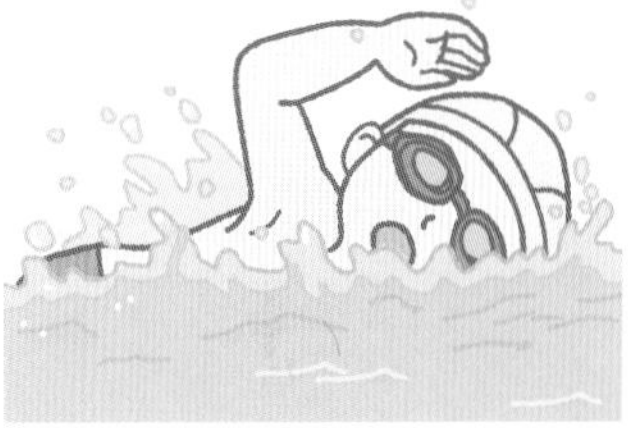

(2)

ア

イ

ウ

(1)（　　）　(2)（　　）

（切り取り線）

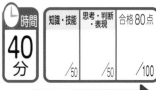

思考・判断・表現

7 男の子が夏休みにしたことについてスピーチをします。絵の内容に合うように、［　　］の中からことばを選んで［　　］に書き、文全体をなぞりましょう。

1問5点(15点)

(1) 

(2) 

(3) 

(1) I went to ＿＿＿＿＿＿＿＿ .

(2) I ＿＿＿＿＿＿＿＿＿＿＿＿ .

(3) It was ＿＿＿＿＿＿＿＿ .

great	the river	the mountain
enjoyed fishing		ate watermelon

8 日本文に合うように、グレーの部分はなぞり、［　　］にことばを入れましょう。国名の最初の文字は大文字で書きましょう。

1問5点(10点)

(1) あなたはニューヨークを訪《おとず》れることができます。

You ＿＿＿＿＿＿＿＿ New York.

(2) カナダでは、オーロラを見ることができます。

In ＿＿＿＿＿＿ , you can see the Northern Lights.

（切り取り線）

5 絵の内容に合うように、［　］からことばを選んで［　］に書きましょう。

1問5点（15点）

(1)

(2)

(3)

panda　　elephant　　bear

6 日本文に合う英語の文になるように、［　］の中からことばを選んで［　］に書き、文全体をなぞりましょう。文の最初の文字は大文字で書きましょう。

1問完答で5点（15点）

(1)　あなたはどこに行きたいですか。

［　　　］ do you want to ［　　］?

(2)　あなたはメープルシロップを買うことができます。

You ［　　　］［　　　］ maple syrup.

(3)　インドではカレーを食べることができます。

In ［　　　］, you can ［　　　］ curry.

can　　where　　India　　buy　　eat　　go

（切り取り線）

3 音声を聞き、それぞれの人の訪《おとず》れたい国を㋐〜㋒から、その国でできることを㋓〜㋕から選び、（　　）に記号を書きましょう。

トラック157　1問完答で5点（15点）

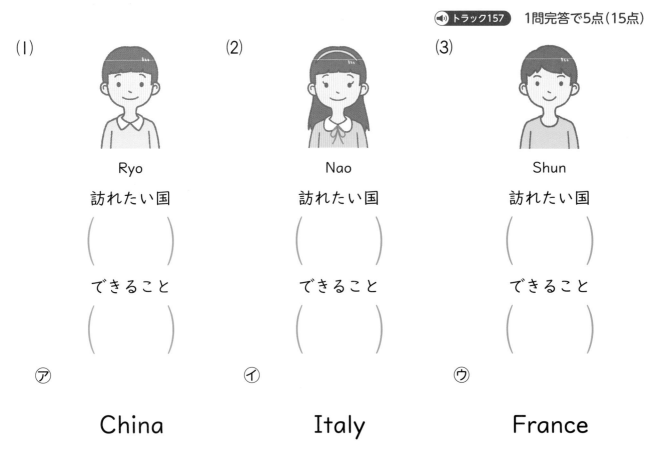

(1)

Ryo

訪れたい国

（　　）

できること

（　　）

(2)

Nao

訪れたい国

（　　）

できること

（　　）

(3)

Shun

訪れたい国

（　　）

できること

（　　）

㋐ China

㋑ Italy

㋒ France

㋓

㋔

㋕

4 音声を聞き、日本語で問いに答えましょう。

トラック158　1問5点（10点）

(1) アヤの演じている動物は何ですか。（　　）

(2) アヤの演じている動物はどこに住んでいますか。（　　）

うらにも問題があります。

（切り取り線）

春のチャレンジテスト

教科書 74〜91ページ

月　日

名前

時間	知識・技能	思考・判断・表現	合格80点
40分	/50	/50	/100

答え22〜23ページ

知識・技能

1 音声の内容に合う絵を下から選び、(　　)に記号を書きましょう。

トラック159　1問5点(10点)

㋐
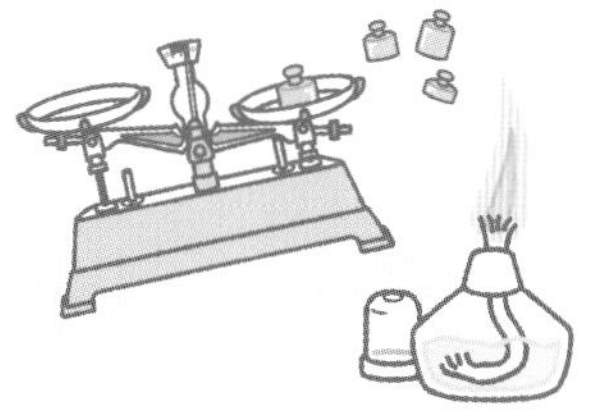

㋑

㋒

(1)(　　　)　(2)(　　　)

2 音声の内容に合う絵を下から選び、(　　)に記号を書きましょう。

トラック160　1問5点(10点)

(1) ㋐

㋑

㋒

(2) ㋐

㋑

㋒

(1)(　　　)　(2)(　　　)

(切り取り線)

思考・判断・表現

7 女の子が中学校でがんばりたいことについてスピーチをします。絵の内容に合うように、[　　]の中からことばを選んで[　　]に書き、文全体をなぞりましょう。

1問5点(15点)

(1)

(2)

(3)

(1) I want to join ＿＿＿＿＿＿＿＿ .

(2) I want to ＿＿＿＿＿＿＿＿ .

(3) I want to be ＿＿＿＿＿＿＿＿ .

the brass band	the chorus
study science	study English
an engineer	a pilot

8 日本文に合うように、グレーの部分はなぞり、[　　]にことばを入れましょう。

1問5点(10点)

(1) 私はサッカー部に入りたいです。

I want to ＿＿＿＿＿＿＿＿ .

(2) 私は先生になりたいです。

I want to ＿＿＿＿＿＿＿＿ .

（切り取り線）

知識・技能

5 絵の内容に合うように、[　　]からことばを選んで[　　]に書きましょう。

1問5点（15点）

(1)

(2)

(3)

chef　　farmer　　dentist

6 日本文に合う英語の文になるように、[　　]の中からことばを選んで[　　]に書き、文全体をなぞりましょう。

1問完答で5点（15点）

(1) 私のいちばんいい思い出は修学旅行です。

My [　　] [　　] is our school trip.

(2) 私たちは多くの寺を見ました。

We [　　] many [　　].

(3) 楽しかったです。

It [　　] [　　].

fun　　memory　　temples

saw　　was　　best

（切り取り線）

3 音声を聞き、それぞれの人の将来の夢と中学校でしたいことを線で結びましょう。

トラック161　1問完答で5点(15点)

(1)

Kaori

(2)

Takeru

(3)

Yuka

4 音声を聞き、日本語で問いに答えましょう。

トラック162　1問5点(10点)

(1) アキラのいちばん思い出に残った行事は何ですか。 (　　　　　　)

(2) アキラがその行事でしたことは何ですか。

(　　　　　　　　　　　　　　)

(切り取り線)

うらにも問題があります。

（切り取り線）

6年 英語のまとめ 学力診《しん》断《だん》テスト

	月	日
名前		

時間 40分

知識・技能	思考・判断・表現	合格80点
/50	/50	/100

答え24〜25ページ

知識・技能

1 音声の内容に合う絵を下から選び、（　　）に記号を書きましょう。

トラック163　1問4点(8点)

㋐

㋑

㋒

(1)（　　　）　(2)（　　　）

2 会話の内容に合う絵を下から選び、（　　）に記号を書きましょう。

トラック164　1問4点(12点)

(1) ㋐

㋑

㋒

(2) ㋐

㋑
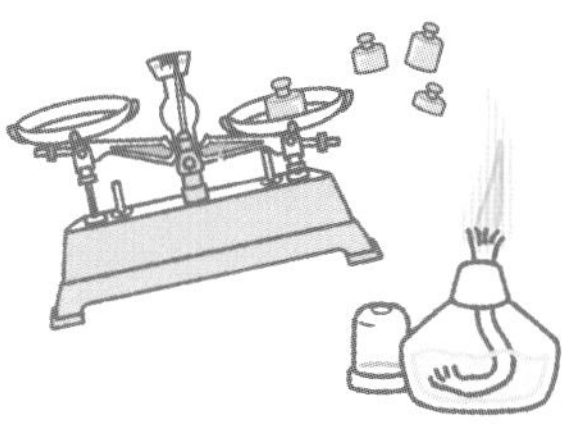

㋒

(3) ㋐

㋑

㋒

(1)（　　　）　(2)（　　　）　(3)（　　　）

7 絵の中の男の子になったつもりで、絵の内容に合うように、[ ]の中からことばを選んで[ ]に書き、文全体をなぞりましょう。

1問5点(15点)

(1) What's your best memory?

My best memory is our [ ].

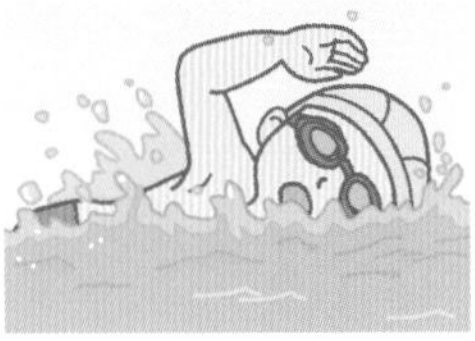

(2)

I [ ].

(3)

It was [ ].

enjoyed swimming　　wonderful
drama festival　　swimming meet

8 日本文に合うように、グレーの部分はなぞり、[ ]にことばを入れましょう。

1問5点(10点)

(1) わたしは英語の先生になりたいです。

I want to [ ].

(2) わたしはサッカーが得意です。

I'm [ ] soccer.

（切り取り線）

5 絵の内容に合うように、□からことばを選んで□に書きましょう。

1問5点(15点)

(1)

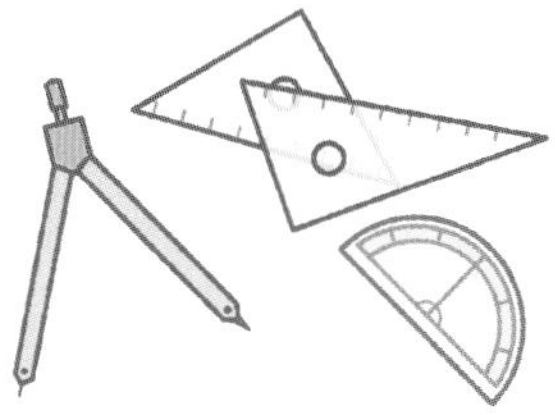

(2)

(3)

soccer　　spring　　math

6 日本文に合う英語の文になるように、□の中からことばを選んで、□に書き、文全体をなぞりましょう。

1問完答で5点(15点)

(1) わたしはイタリアに行きたいです。

I ＿＿＿ to go to ＿＿＿.

(2) クマは木の実を食べます。

Bears ＿＿＿ ＿＿＿.

(3) 冬にはお正月があります。

In ＿＿＿, we have oshogatsu.

eat　　Italy　　want
winter　　nuts

（切り取り線）

3 音声を聞き、それぞれの人が中学校でしたいことを線で結びましょう。

トラック165　1問5点(15点)

(1) 

Sophie

●

(2) 

Jiro

●

(3) 

Sakura

●

● 

● 

● 

● 

4 それぞれの音声を聞き、日本語で問いに答えましょう。

トラック166　1問5点(10点)

(1) エリは何時に起きますか。 (　　　　　)

(2) ケンがけっしてしないことは何ですか。 (　　　　　)

うらにも問題があります。

(切り取り線)

教科書ぴったりトレーニング

丸つけラクラク解答

この「丸つけラクラク解答」は
とりはずしてお使《つか》いください。

光村図書版
英語6年

「丸つけラクラク解答」では問題《もんだい》と同じ紙面《しめん》に、赤字で答えを書いています。

①問題がとけたら、まずは答え合わせをしましょう。

②まちがえた問題やわからなかった問題は、てびきを読んだり、教科書を読み返したりしてもう一度《いちど》見直しましょう。

おうちのかたへ では、次のようなものを示しています。

- 学習のねらいやポイント
- 他の学年や他の単元の学習内容とのつながり
- まちがいやすいことやつまずきやすいところ

お子様への説明や、学習内容の把握などにご活用ください。

見やすい答え

くわしいてびき

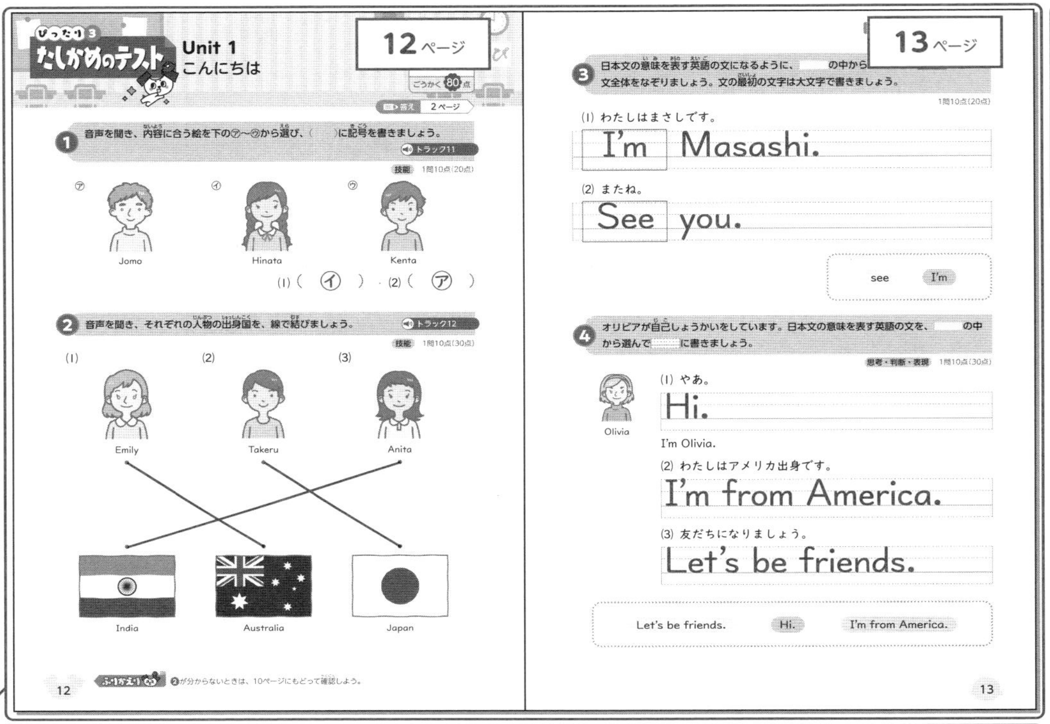

1 Hello.(こんにちは。)やHi.(やあ。)というあいさつのあとに、I'm ～.(わたしは～です。)と名前が読まれます。I'mのあとの名前に注意《ちゅうい》して聞き取《と》りましょう。

2 I'm from ～.(わたしは～出身《しゅっしん》です。)と出身国を伝《つた》える英語《えいご》が読まれます。fromのあとの国を表《あらわ》す言《こと》葉《ば》に注意して聞き取りましょう。

3 名前を伝える表現《ひょうげん》と、別《わか》れのあいさつを練習《れんしゅう》しましょう。See you.(またね。)は人と別れるときに使《つか》うあいさつです。

4 自己《じこ》しょうかいをするときは、はじめにあいさつをして、名前や出身国を伝えます。最後《さいご》にLet's be friends.(友だちになりましょう。)などと言うのもよいでしょう。

読まれる英語

1 (1)Hello! I'm Hinata.
(2)Hi. I'm Jomo.

2 (1)I'm Emily. I'm from Australia.
(2)I'm Takeru. I'm from Japan.
(3)Hello. I'm Anita. I'm from India.

おうちのかたへ

このユニットではあいさつや自分の名前と出身国の伝え方を練習しました。日常生活でお子さまとHi.やSee you.などのあいさつを交わしたり、簡単な自己紹介をしあったりして、英語に触れる時間をとってみてください。

読まれる英語

おうちのかたへ

※紙面はイメージです。

12ページ

ぴったり3 確かめのテスト

Unit 1
This is me. ①〜②

合格80点

教科書 16〜17ページ　答え 2ページ

1 音声の内容に合う国名を下の㋐〜㋒から選び、(　)に記号を書きましょう。トラック11

技能　1問5点(10点)

㋐ the Philippines　㋑ Russia　㋒ the U.K.

(1)(　㋒　)　(2)(　㋐　)

2 音声を聞き、それぞれの人物と出身国を、線で結びましょう。トラック12

1問10点(40点)

(1)　(2)　(3)　(4)

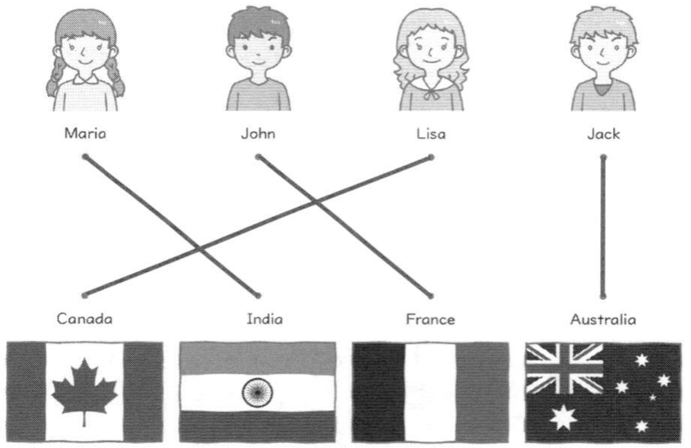

ふりかえり ❷が分からないときは、8ページにもどって確認《かくにん》しよう。

13ページ

3 日本文に合う英語の文になるように、[　]の中から語句を選び、体をなぞりましょう。文の最初の文字は大文字で書きましょう。

1問完答で10点(30点)

(1) あなたはどこの出身ですか。

Where are you from?

(2) ((1)に答えて)わたしはドイツ出身です。

I'm from Germany.

(3) わたしはニュージーランドに住んでいます。

I live in New Zealand.

Germany　New Zealand　where　live　from

4 男の子が自己紹介《しょうかい》のスピーチをします。絵の内容に合うように、[　]の中から文を選び、[　]に書きましょう。

思考・判断・表現　1問10点(20点)

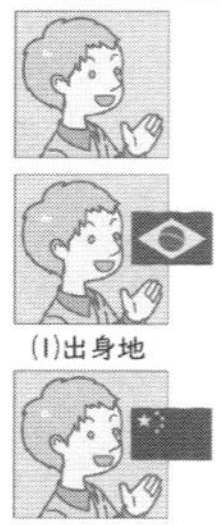

Hi. I'm Kevin.

(1) I'm from Brazil.

(2) I live in China.

(1)出身地

(2)住んでいる所

I live in the U.K.　I'm from Brazil.
I'm from the U.S.　I live in China.

1 国名を正しく聞き取ろう。国名のつづりも読み取れるようにしよう。

2 出身地は、I'm from 〜.で表すよ。I'm from 〜のあとに読まれる国名を正しく聞き取ろう。

3 (1) 「どこ」とたずねるときは、Whereで文をはじめよう。

(3) 「〜に住んでいます」は、I live in 〜.で表すよ。

4 出身地を伝えるときはI'm from 〜.、今住んでいるところを伝えるときはI live in 〜.で表せたね。

読まれる英語

1 (1) I'm from the U.K.
(2) I'm from the Philippines.

2 (1) I'm Maria. I'm from India.
(2) I'm John. I'm from France.
(3) I'm Lisa. I'm from Canada.
(4) I'm Jack. I'm from Australia.

おうちのかたへ

このUnitでは、出身地をたずねたり伝えたりする表現、自分が今住んでいるところを伝える表現を学びました。

お子さんが自分の出身地や、今住んでいるところを英語で正しく伝えることができるかどうかを確かめてください。

うまくできたら、自分の名前や住んでいる所なども含めて、自己紹介してみましょう。

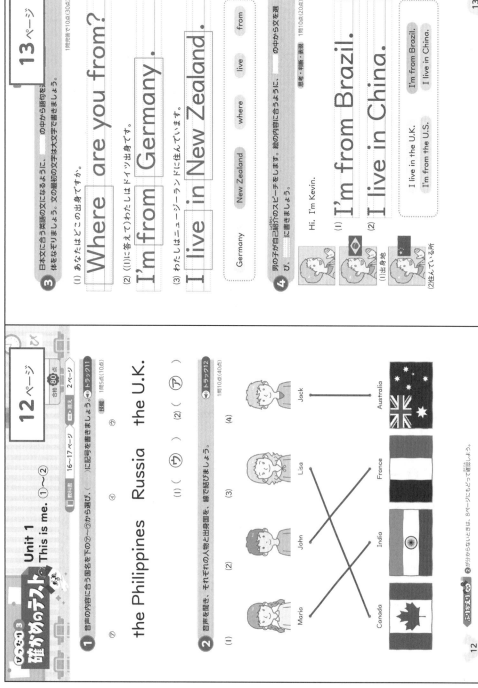

18ページ

ぴったり3 確かめのテスト

Unit 1
This is me. ③〜④

合格 80点

教科書 18〜19ページ　答え 3ページ

❶ 音声の内容に合う絵を下の㋐〜㋒から選び、（　）に記号を書きましょう。　トラック21

技能　1問5点（10点）

㋐　㋑　㋒

(1)（ ㋒ ）　(2)（ ㋐ ）

❷ 音声を聞き、それぞれの内容に合う絵を線で結びましょう。　トラック22

1問10点（40点）

(1)　(2)　(3)　(4)

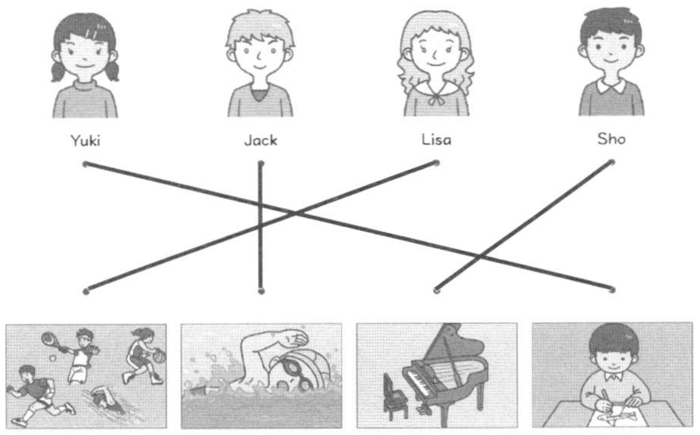

ふりかえり ❷が分からないときは、14、16ページにもどって確認《かくにん》しよう。

18

19ページ

❸ 日本文に合う英語の文になるように、　　の中から語を選び、　　をなぞりましょう。2回使う語もあります。

1問完答で10点（30点）

(1) わたしは走ることに興味があります。

I'm interested in running .

(2) わたしはおどることが得意です。

I'm good at dancing .

(3) わたしはサッカーが得意です。

I'm good at soccer .

dancing　soccer　interested　running　good

❹ 男の子が得意なことや興味のあることを話しています。絵の内容に合うように、　　の中から文を選び、　　に書きましょう。

思考・判断・表現　1問10点（20点）

Hello. I'm Jack.

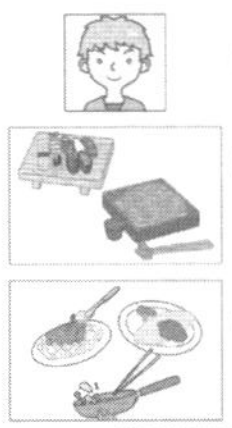

(1) I'm interested in Japanese food.

(2) I'm good at cooking.

I'm interested in Japanese food.　I'm good at judo.
I'm good at cooking.　I'm interested in Japanese art.

19

❶ 得意なことや興味のあることを表す英語を正しく聞き取ろう。

❷ 動作を表す言葉は、〜ingの形になっていることに注意して聞き取ろう。

❸ (1)　興味があることは、I'm interested in 〜.で表すよ。inのあとの動作を表す言葉は、〜ingの形だね。

(2)(3)　得意なことは、I'm good at 〜.で表すよ。atのあとの動作を表す言葉は、〜ingの形だったね。

❹ 絵の内容に合う英語の文を正しく選ぼう。

読まれる英語

❶ (1) I'm good at singing.
(2) I'm interested in skiing.

❷ (1) I'm Yuki. I'm good at drawing pictures.
(2) I'm Jack. I'm good at swimming.
(3) I'm Lisa. I'm interested in sports.
(4) I'm Sho. I'm interested in playing the piano.

おうちのかたへ

このUnitでは、自分の得意なことや興味のあることを伝える表現を学びました。
お子さんと一緒に、お互いの得意なことや興味のあることを伝え合ってみてください。
I'm good at 〜., I'm interested in 〜.の「〜」の部分に動詞を入れるときは、〜ingの形にすることに注意してください。

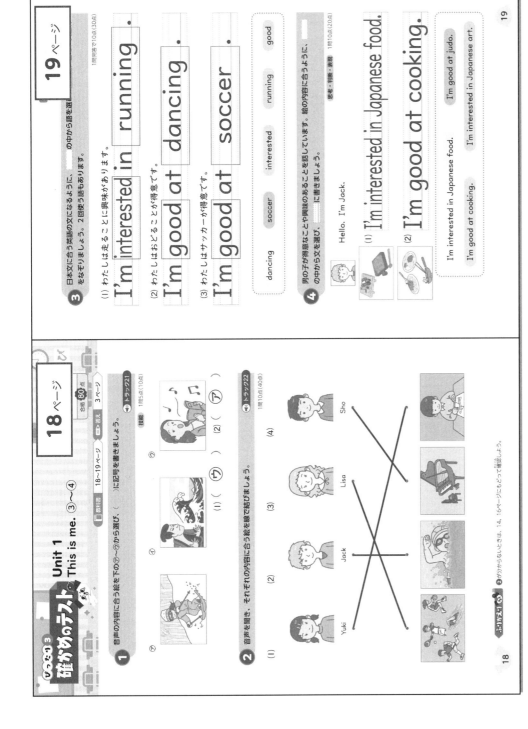

24ページ

ぴったり3 確かめのテスト

Unit 2
Welcome to Japan. ①

合格80点

教科書 24~25ページ　答え 4ページ

1 音声の内容に合う絵を下の㋐～㋒から選び、（　）に記号を書きましょう。　トラック31

技能　1問5点(10点)

(1)（ ㋑ ）　(2)（ ㋒ ）

2 音声を聞き、それぞれの内容に合う絵を線で結びましょう。　トラック32

1問10点(30点)

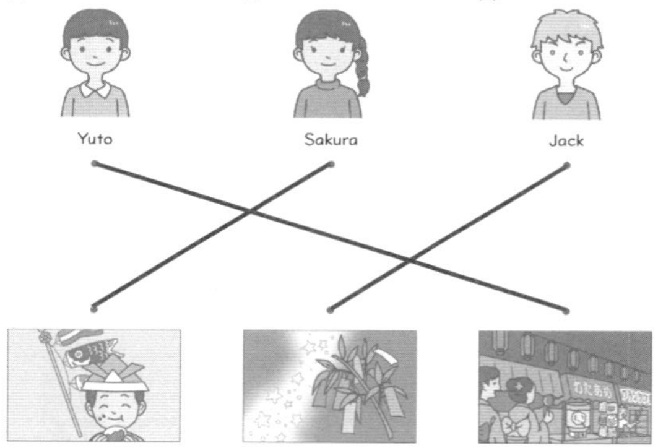

ふりかえり　2が分からないときは、20、22ページにもどって確認《かくにん》しよう。

25ページ

3 日本文に合う英語の文になるように、　　の中から語を選び、なぞりましょう。

1問完答で30点(30点)

(1) あなたはどの季節が好きですか。

What [season] do you [like] ?

(2) わたしは冬が好きです。

I like [winter].

(3) 秋には月見があります。

In [fall], we [have] tsukimi.

have　like　season　winter　fall

4 絵の内容に合うように、　　の中から文を選び、　　に書きましょう。

思考・判断・表現　1問10点(30点)

(1) What season do you like?

(2) I like spring.

(3) In spring, we have Children's Day.

I like spring.　What season do you like?
In spring, we have Children's Day.

読まれる英語

1 (1) summer
(2) winter

2 (1) I'm Yuto. I like summer. In summer, we have a summer festival.
(2) I'm Sakura. I like spring. In spring, we have Children's Day.
(3) I'm Jack. I like summer. In summer, we have the Star Festival.

おうちのかたへ

このUnitでは、相手の好きな季節のたずね方や、季節の行事を紹介する表現を学びました。

日本独自の行事の名前は日本語をそのまま使ってもかまわないので、それぞれの季節の行事をお子さんと一緒に伝え合ってみてください。

英語で伝える練習を通じて、日本の季節や行事について、あらためて知識や考えを深めるよい機会になればいいですね。

1 季節を表す英語を正しく聞き取ろう。

2 それぞれの行事を表す英語を正しく聞き取ろう。

3 (1) 「季節」はseasonで表すよ。
(2) 「わたしは～が好きです。」は、I like ～.で表すことができるね。
(3) 「秋には」はIn fallで表そう。行事を紹介《しょうかい》するときは、We have ～.で表すことができるね。

4 (1) What season do you like?で、どの季節が好きかたずねることができるよ。
(3) In spring, we have Children's Day.「春には、子どもの日があります。」が絵の内容に合うね。

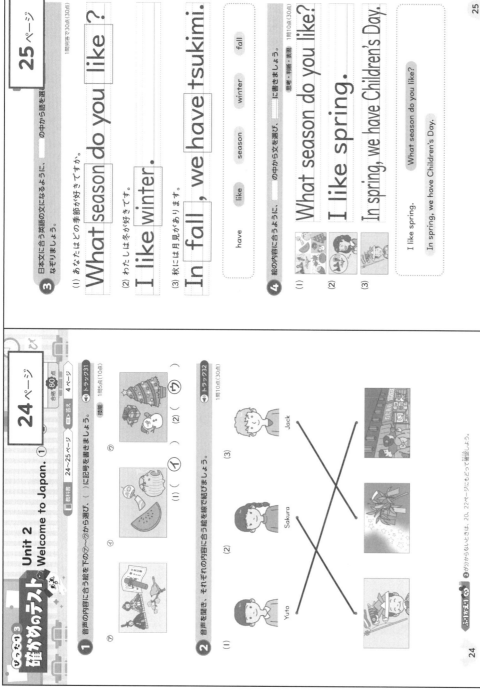

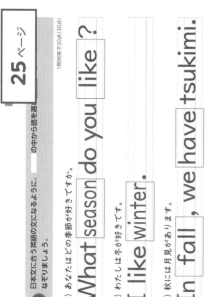

ぴったり3 確かめのテスト Unit 2 Welcome to Japan. ③

28ページ

合格80点　教科書 26～27ページ　答え 5ページ

❶ 音声の内容に合う絵を下の㋐～㋒から選び、( )に記号を書きましょう。 トラック39

技能 1問5点(10点)

(1) (㋑)　(2) (㋐)

❷ 音声を聞き、それぞれの人が紹介《しょうかい》している「日本でできること」を下の㋐～㋒から、その「日本でできること」の感想を㋓～㋕から選び、記号で答えましょう。 トラック40

1問完答で10点(30点)

(1) Sho	(2) Ami	(3) Kenta
日本でできること (㋑)	日本でできること (㋒)	日本でできること (㋐)
感想 (㋓)	感想 (㋔)	感想 (㋕)

㋓beautiful　㋔fun　㋕healthy

ふりかえり ❷が分からないときは、26ページにもどって確認《かくにん》しよう。

28

29ページ

❸ 日本文に合う英語の文になるように、　の中から語を選び、をなぞりましょう。

1問完答で10点(30点)

(1) あなたはすき焼きを食べることができます。

You can eat sukiyaki.

(2) あなたは落語を楽しむことができます。

You can enjoy rakugo.

(3) それはおもしろいです。

It's interesting.

can　eat　interesting　enjoy

❹ 日本でできることを紹介している絵の内容に合うように、　の中から文を選び、　に書きましょう。

1問10点(30点)

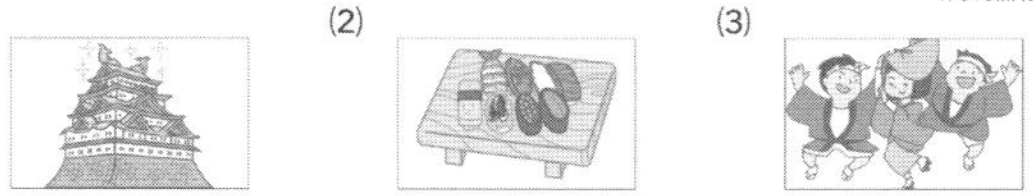

(1) In Japan, you can visit a castle.

(2) In Japan, you can eat sushi.

(3) In Japan, you can enjoy *Awa-odori*.

In Japan, you can eat sushi.　In Japan, you can visit a castle.　In Japan, you can enjoy *Awa-odori*.

29

読まれる英語

❶ (1) In Japan, you can visit hot springs.

(2) In Japan, you can eat traditional sweets.

❷ (1) Hello, I'm Sho. In Japan, you can visit Himeji Castle. It's beautiful.

(2) Hi, I'm Ami. In Japan, you can enjoy the Sapporo Snow Festival. It's fun.

(3) Hello, I'm Kenta. In Japan, you can eat *soba*. It's healthy.

おうちのかたへ

このUnitでは、「日本でできること」を紹介する表現と、それについての感想を伝える表現を学びました。

海外から日本に来る人に、日本でできることを紹介する場面を想定して、どんなことを紹介したいかお子さんと一緒に考えてみてください。そのことに対する感想も含めて伝える練習をしてみましょう。

❶ 「温泉《おんせん》」はhot springs、「伝統的なおかし」はtraditional sweetsと表すよ。

❷ 相手ができることはyou can ～で表すことに注意しよう。

❸ (1) 「すき焼きを食べる」はeat *sukiyaki*で表そう。

(2) 「落語を楽しむ」はenjoy *rakugo*で表そう。

(3) 「おもしろい(興味深い)」はinterestingで表そう。

❹ (1) you can visit a castleで「あなたは城をおとずれることができる」と表すことができるね。

(2) you can eat sushiが絵の内容を正しく表しているね。

(3) you can enjoy *Awa-odori*が絵の内容に合うね。

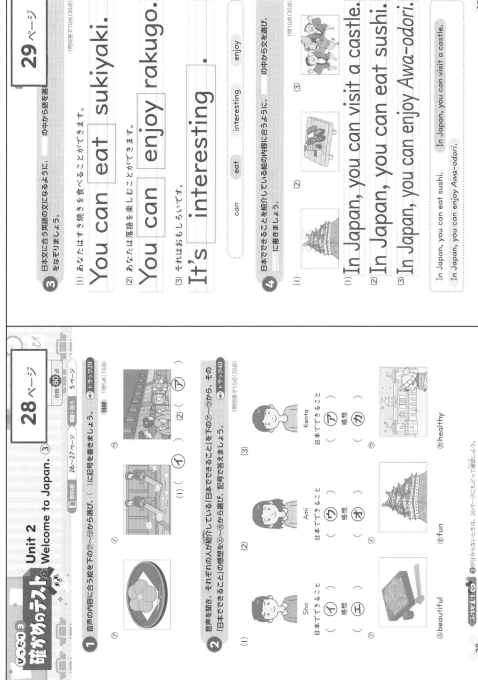

34ページ

ぴったり3 確かめのテスト

Unit 3
What time do you get up? ①〜②

合格 80 点

[教科書] 34〜35ページ　[答え] 6ページ

1 音声の内容に合う絵を下の㋐〜㋒から選び、(　　)に記号を書きましょう。 トラック49

[技能] 1問5点(10点)

㋐　㋑　㋒

(1) (㋒)　(2) (㋐)

2 音声を聞き、それぞれの内容に合う絵を線で結びましょう。 トラック50

1問10点(30点)

(1)　(2)　(3)

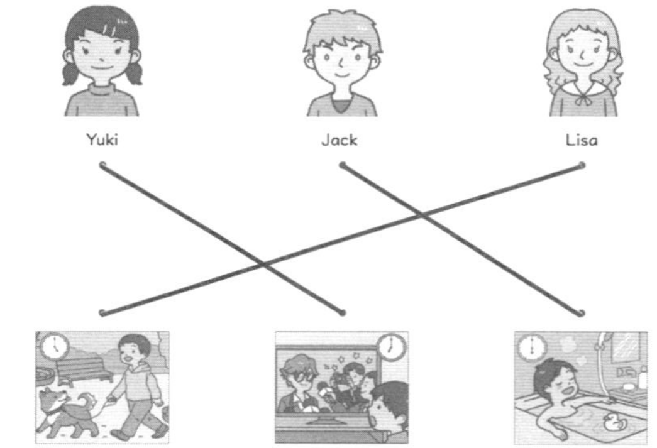

ふりかえり ②が分からないときは、30、32ページにもどって確認しよう。

35ページ

3 日本文に合う英語の文になるように、[　　]の中から語句を選び、体をなぞりましょう。2回使う言葉もあります。文の最初の文字は大文字で書きましょう。

1問完答で10点(30点)

(1) あなたは何時に家に帰りますか。

What time do you go home?

(2) わたしは4時に家に帰ります。

I go home at 4:00.

(3) わたしは7時に夕食を食べます。

I eat dinner at 7:00.

go home　what　at

4 絵の内容に合う英語の会話文になるように、[　　]の中から文を選び、[　　]に書きましょう。

[思考・判断・表現] 1問15点(30点)

(1) What time do you eat breakfast?

— I eat breakfast at 8:00.

(2) What time do you go to bed?

— I go to bed at 9:00.

I eat lunch at 1:00.　What time do you go to school?
I eat breakfast at 8:00.　What time do you go to bed?

読まれる英語

1 (1) I go to school at eight.
(2) I eat lunch at twelve.

2 (1) A: Yuki, what time do you watch TV?
B: I watch TV at seven.
(2) A: Jack, what time do you take a bath?
B: I take a bath at six.
(3) A: Lisa, what time do you walk the dog?
B: I walk the dog at five.

おうちのかたへ

このUnitでは、「何時に何をするか」をたずねたり伝えたりする表現を学びました。また、「あなたは何時に〜しますか。」とたずねる表現も学習しました。

1日の中で何かをする時刻について、What time do you 〜?とお子さんとたずね合って、学んだ英語表現を使う練習をしてください。1日の予定を確認するよい機会にもなるのではないでしょうか。

1 動作を表す英語と、時刻を表す英語を正しく聞き取ろう。

2 「あなたは何時に〜しますか。」とたずねる表現と、「わたしは〜時に…します。」という表現を正しく聞き取ろう。

3 (1) 「何時に〜しますか。」とたずねるときは、What timeで文をはじめるよ。
(2) 「家に帰る」はgo homeで表そう。
(3) 「〜時に」はat 〜で表すことができるよ。

4 (1) 「あなたは何時に朝食を食べますか。」とたずねているので、絵の内容からI eat breakfast at 8:00.「私は8時に朝食を食べます。」を選ぼう。
(2) 「わたしは9時に寝ます。」と答えているので、What time do you go to bed?「あなたは何時に寝ますか。」を選ぼう。

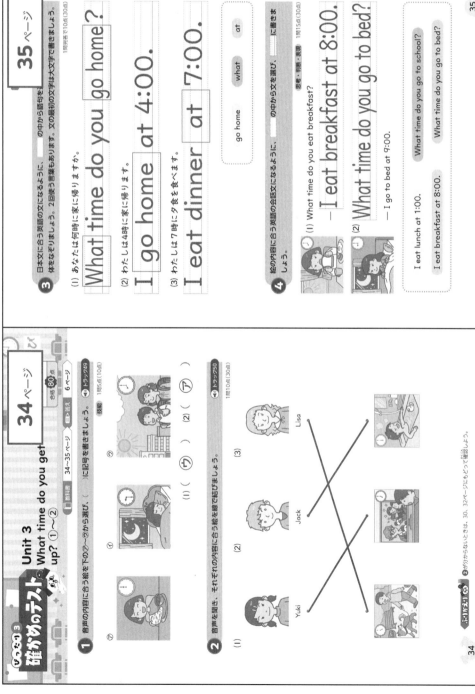

40ページ

ぴったり3 確かめのテスト

Unit 3
What time do you get up? ③〜④

合格80点

教科書 36〜37ページ　答え 7ページ

1 音声の内容に合う絵を下の㋐〜㋒から選び、(　)に記号を書きましょう。　トラック59

技能　1問5点(10点)

(1) (㋒)　(2) (㋐)

2 音声を聞き、それぞれの内容に合う絵を線で結びましょう。　トラック60

1問10点(30点)

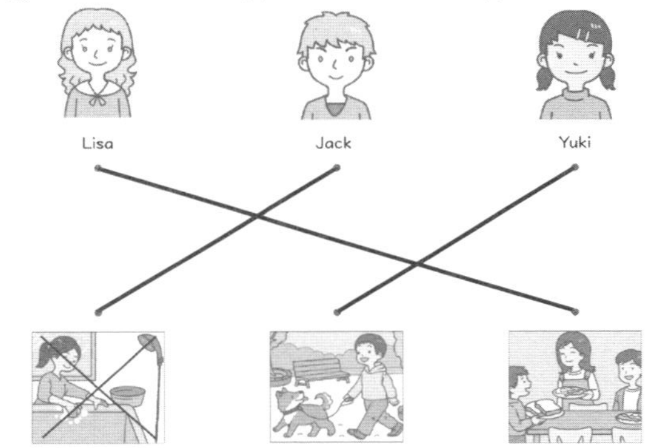

ふりかえり　❷が分からないときは、36、38ページにもどって確認《かくにん》しよう。

40

41ページ

3 日本文に合う英語の文になるように、　の中から語を選び、をなぞりましょう。

1問完答で10点(40点)

(1) わたしはいつも皿洗《さらあら》いをします。

I always wash the dishes.

(2) わたしはときどき風呂《ふろ》をそうじします。

I sometimes clean the bath.

(3) わたしはたいてい皿洗いをします。

I usually wash the dishes.

(4) わたしはけっしてテレビを見ません。

I never watch TV.

usually　never　always　sometimes

4 絵の内容に合うように、　の中から文を選び、　に書きましょう。

思考・判断・表現　1問10点(20点)

(1) I never set the table.

(2) I always clean my room.

I always do my homework.
I never set the table.　I always clean my room.

この本の終わりにある「夏のチャレンジテスト」をやってみよう！

41

読まれる英語

1 (1) I always cook dinner.
(2) I sometimes take out the garbage.

2 (1) I'm Lisa. I always set the table.
(2) I'm Jack. I never clean the bath.
(3) I'm Yuki. I always walk the dog.

おうちのかたへ

このUnitでは、自分がどんなお手伝いをするかを伝える表現と、alwaysやsometimesなど頻度を表す表現を学びました。

ふだん、お子さんが家でしているお手伝いを英語で伝えられるように、お子さんと一緒に練習してみてください。また、そのお手伝いをする頻度も、学習したalways、sometimesなどの表現を使ってみるとよいでしょう。

1 どんなお手伝いをするか、正しく聞き取ろう。

2 (1) set the tableで、「食卓《しょくたく》の準備をする」という意味になるよ。
(2) clean the bathは、「風呂《ふろ》をそうじする」という意味だよ。
(3) 「犬を散歩させる」はwalk the dogで表すことに注意しよう。

3 (1) 「いつも」はalwaysで表すことができるよ。
(2) 「ときどき」はsometimesで表そう。
(3) 「たいてい」はusuallyで表すことができるよ。
(4) 「けっして〜ない」はneverで表そう。

4 (1) 「食卓の準備をしない」という意味の文を選ぼう。
I never set the table.が正解だね。
(2) I always clean my room.「わたしはいつも部屋のそうじをします。」が絵の内容を正しく表しているね。

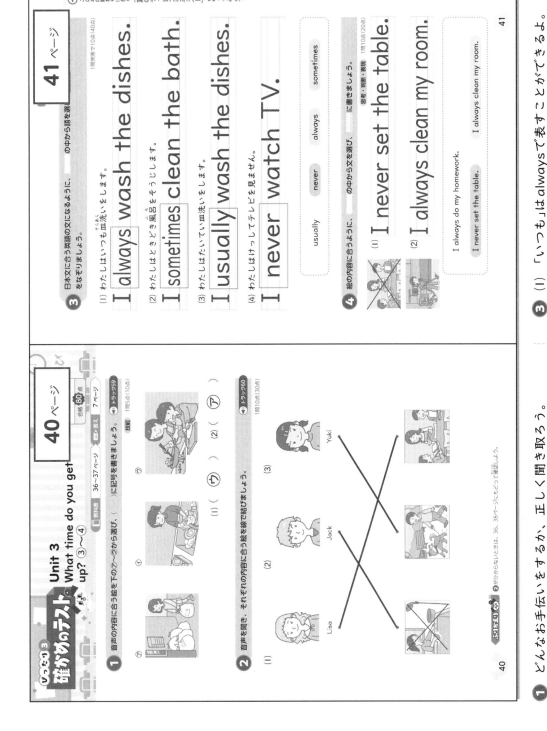

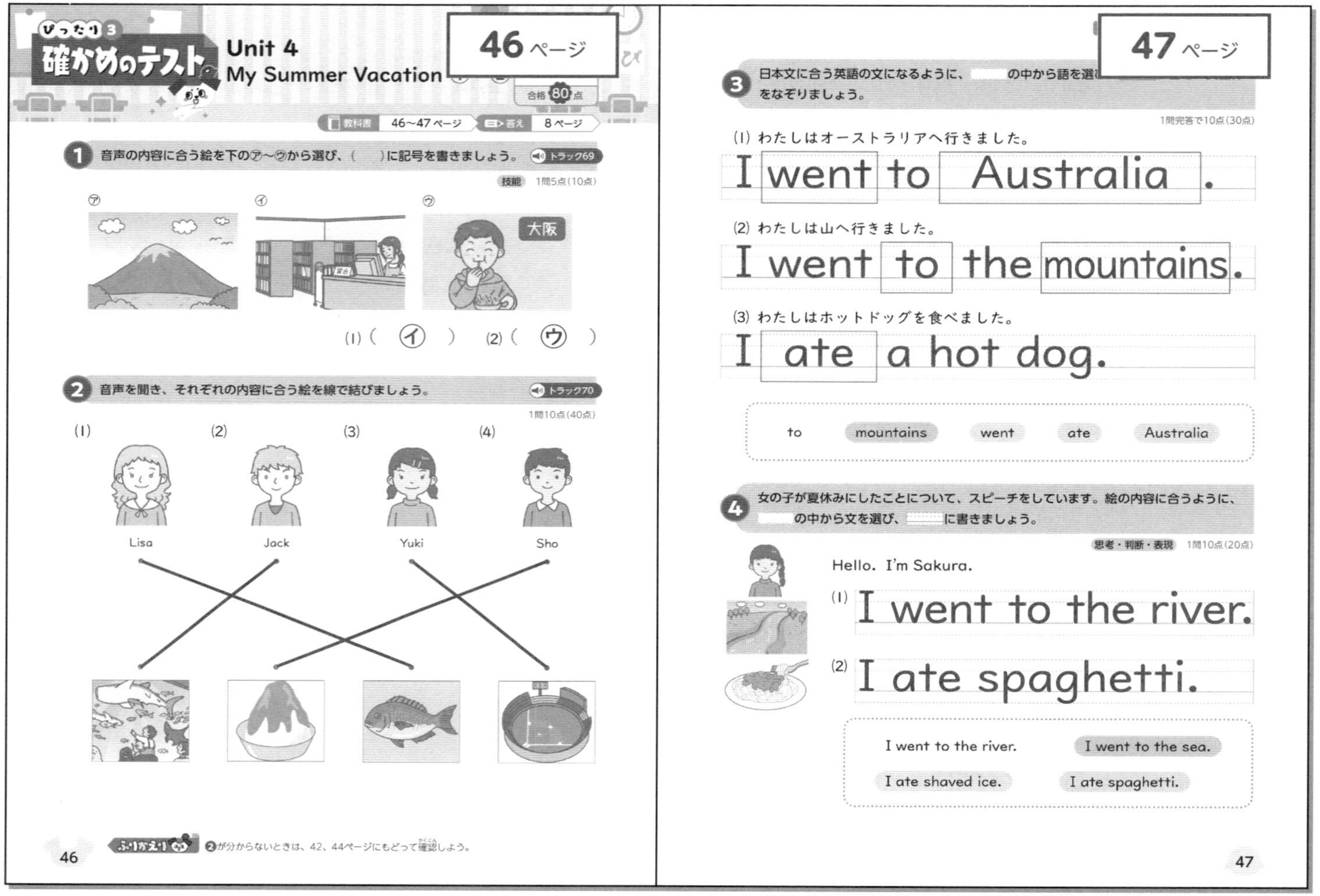

ぴったり3 確かめのテスト Unit 4 My Summer Vacation

46ページ

合格80点

教科書 46～47ページ 答え 8ページ

1 音声の内容に合う絵を下の㋐～㋒から選び、(　)に記号を書きましょう。 トラック69

技能 1問5点(10点)

㋐ ㋑ ㋒

大阪

(1)(　㋑　)　(2)(　㋒　)

2 音声を聞き、それぞれの内容に合う絵を線で結びましょう。 トラック70

1問10点(40点)

(1) Lisa　(2) Jack　(3) Yuki　(4) Sho

ふりかえり 2が分からないときは、42、44ページにもどって確認《かくにん》しよう。

46

47ページ

3 日本文に合う英語の文になるように、　　の中から語を選んでをなぞりましょう。

1問完答で10点(30点)

(1) わたしはオーストラリアへ行きました。

I went to Australia.

(2) わたしは山へ行きました。

I went to the mountains.

(3) わたしはホットドッグを食べました。

I ate a hot dog.

to　mountains　went　ate　Australia

4 女の子が夏休みにしたことについて、スピーチをしています。絵の内容に合うように、　　の中から文を選び、　　に書きましょう。

思考・判断・表現 1問10点(20点)

Hello. I'm Sakura.

(1) I went to the river.

(2) I ate spaghetti.

I went to the river.　I went to the sea.

I ate shaved ice.　I ate spaghetti.

47

読まれる英語

1 (1) I went to the library.

(2) I ate *takoyaki*.

2 (1) Hello, I'm Lisa. I ate fish.

(2) Hello, I'm Jack. I went to the aquarium.

(3) Hello, I'm Yuki. I went to the stadium.

(4) Hello, I'm Sho. I ate shaved ice.

おうちのかたへ

このUnitでは、行った場所や食べたものを伝える表現を学びました。

夏休みに行った場所や食べたものを思い出しながら、お子さんと一緒に英語で伝える練習をしてみましょう。場所の名前や食べ物の名前もできるだけ英語で表現できるように、一緒に調べてみてください。

1 「したこと」を表す英語を正しく聞き取ろう。

2 ate「食べた」、went「行った」という動作を表す言葉に注意し、食べたものや行った場所を正しく聞き取ろう。

3 (1)(2)　「～に行った」はwent to ～で表そう。

(3)　「～を食べた」はate ～で表そう。

4 (1)　I went to the river.「わたしは川に行きました。」が絵の内容に合うね。

(2)　I ate spaghetti.「わたしはスパゲティーを食べました。」が絵の内容を正しく表しているよ。

ぴったり3 確かめのテスト

Unit 4 My Summer Vacation

52ページ

合格80点 教科書 48〜49ページ 答え 9ページ

1 音声の内容に合う絵を下の㋐〜㋒から選び、(　)に記号を書きましょう。 トラック79

技能 1問5点(10点)

㋐ ㋑ ㋒

(1) (㋑)　(2) (㋐)

2 音声を聞き、それぞれの人が夏休みにしたことと、その感想を線で結びましょう。 トラック80

1問完答で10点(30点)

(1) (2) (3)

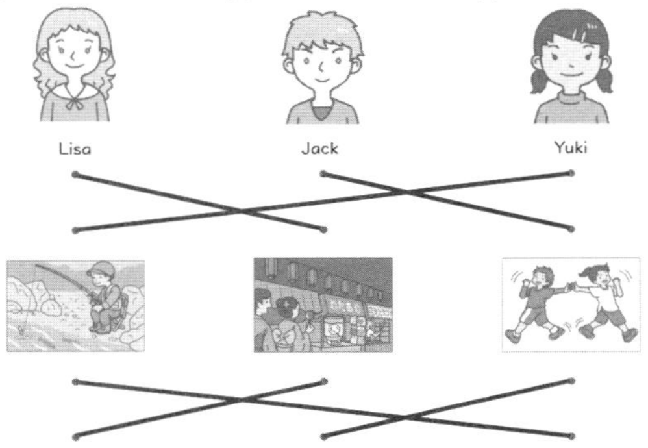

ふりかえり ❷が分からないときは、48、50ページにもどって確認《かくにん》しよう。

52

53ページ

3 日本文に合う英語の文になるように、　　の中から語を選び、　　をなぞりましょう。文の最初の文字は大文字で書きましょう。

1問完答で10点(30点)

(1) あなたは夏に何をしましたか。

What did you do in summer?

(2) わたしはキャンプをすることを楽しみました。

I enjoyed camping.

(3) それはすばらしかったです。

It was wonderful.

summer　enjoyed　what　wonderful

4 絵の内容に合うように、　　の中から文を選び、　　に書きましょう。

思考・判断・表現 1問15点(30点)

(1)

What did you do in summer?

— I enjoyed swimming.

(2)

How was it?

— It was fun.

It was hot.　I enjoyed swimming.
I enjoyed fishing.　It was fun.

53

読まれる英語

1 (1) I enjoyed reading.
(2) I enjoyed skiing.

2 (1) Hello, I'm Lisa. I enjoyed a summer festival. It was exciting.
(2) Hello, I'm Jack. I enjoyed dancing. It was fun.
(3) Hello, I'm Yuki. I enjoyed fishing. It was good.

おうちのかたへ

このUnitでは、楽しんだことやその感想を、たずねたり伝えたりする表現を学びました。

What did you do in summer?と、夏にしたことをお子さんとたずね合ってみてください。

また、How was it?と、夏に楽しんだことの感想もたずねてみてください。exciting、fun、wonderfulなど、いろいろな感想を表す言葉を使って表現してみましょう。

1 「楽しんだこと」は何かを正しく聞き取ろう。

2 それぞれの「楽しんだこと」と、その感想を正しく聞き取ろう。

3 (1) 「何を」とたずねるときはWhatで文をはじめるよ。
(2) 「楽しみました」はenjoyedで表そう。

4 (1) What did you do in summer?「あなたは夏に何をしましたか。」とたずねているので、絵の内容からI enjoyed swimming.「わたしは泳ぐことを楽しみました。」を選ぼう。
(2) How was it?「それはどうでしたか。」とたずねているので、絵の内容からIt was fun.「楽しかったです。」を選ぼう。

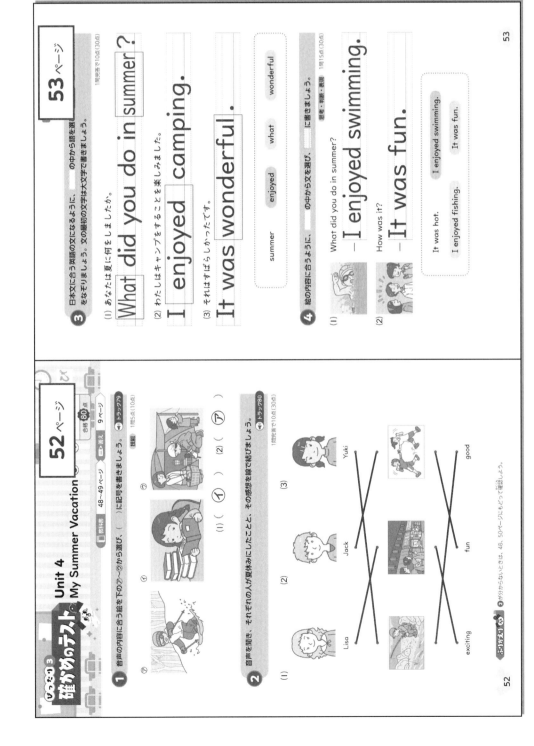

ぴったり3 確かめのテスト

Unit 5 We live together. ①

56ページ

合格 80 点

教科書 54~55ページ　答え 10ページ

1 音声の内容に合う絵を下のㄗ~ㄅから選び、(　　)に記号を書きましょう。 トラック87

技能　1問5点(10点)

ㄗ 

ㄅ 

ㄅ 

(1) (イ)　(2) (ア)

2 音声を聞き、それぞれの内容に合う絵を線で結びましょう。 トラック88

1問10点(30点)

(1)　(2)　(3)

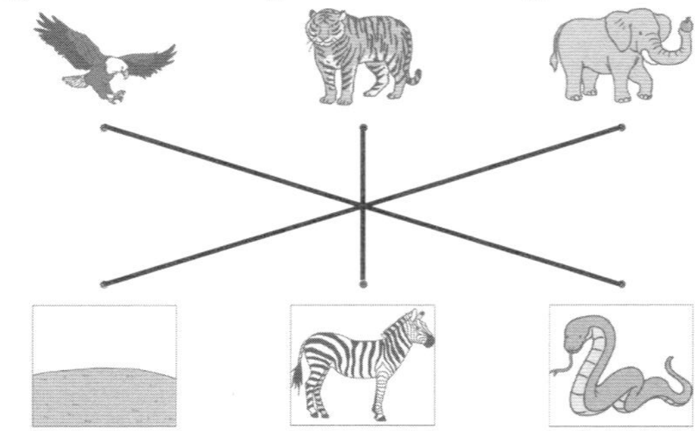

ふりかえり ②が分からないときは、54ページにもどって確認《かくにん》しよう。

56

57ページ

3 日本文に合う英語の文になるように、　　の中から語を選んでなぞりましょう。2回使う言葉もあります。文の最初の文字は大文字で書きましょう。

1問完答で10点(40点)

(1) パンダは何を食べますか。

What do pandas eat?

(2) パンダは竹を食べます。

Pandas eat bamboo.

(3) クマは何を食べますか。

What do bears eat?

(4) クマは木の実を食べます。

Bears eat nuts.

bamboo　eat　what　pandas　nuts

4 絵の内容に合うように、　　の中から文を選び、　　に書きましょう。

思考・判断・表現　1問10点(20点)

(1) 

What do lions eat?

— Lions eat zebras.

(2) 

What do sea turtles eat?

— Sea turtles eat seaweed.

Sea turtles eat seaweed.　What do owls eat?

What do lions eat?　Zebras eat grass.

57

読まれる英語

1 (1) What do elephants eat?

(2) What do owls eat?

2 (1) A: What do eagles eat?

B: Eagles eat snakes.

(2) A: What do tigers eat?

B: Tigers eat zebras.

(3) A: What do elephants eat?

B: Elephants eat grass.

おうちのかたへ

このUnitでは、それぞれの動物が何を食べるかをたずねる表現、また、それを伝える表現を学びました。

さまざまな動物の英語表現も学習しましたので、いろいろな動物の食べるものについて、お子さんとたずね合ってみてください。

生態を知らない動物については、一緒に調べてみてもいいですね。自然に対する知識や考えを深めるよい機会になるのではないでしょうか。

1 elephantは「ゾウ」、owlは「フクロウ」を表すよ。

2 それぞれの動物が食べるものを正しく聞き取ろう。

3 (1) 「～は何を食べますか。」はWhat do ～ eat? で表そう。

(2) 「竹」はbambooと表すよ。

(3) 「何を」とたずねるときはWhatで文をはじめよう。

4 (1) 「ライオンはシマウマを食べます。」と答えているので、What do lions eat?「ライオンは何を食べますか。」とたずねる文を選ぼう。

(2) 「ウミガメは何を食べますか。」とたずねているので、Sea turtles eat seaweed.「ウミガメは海そうを食べます。」を選ぼう。

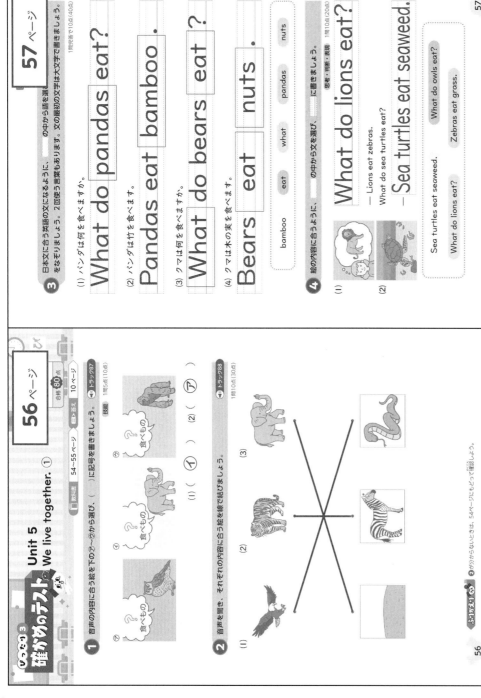

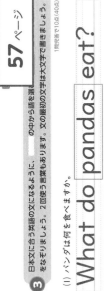

60ページ

61ページ

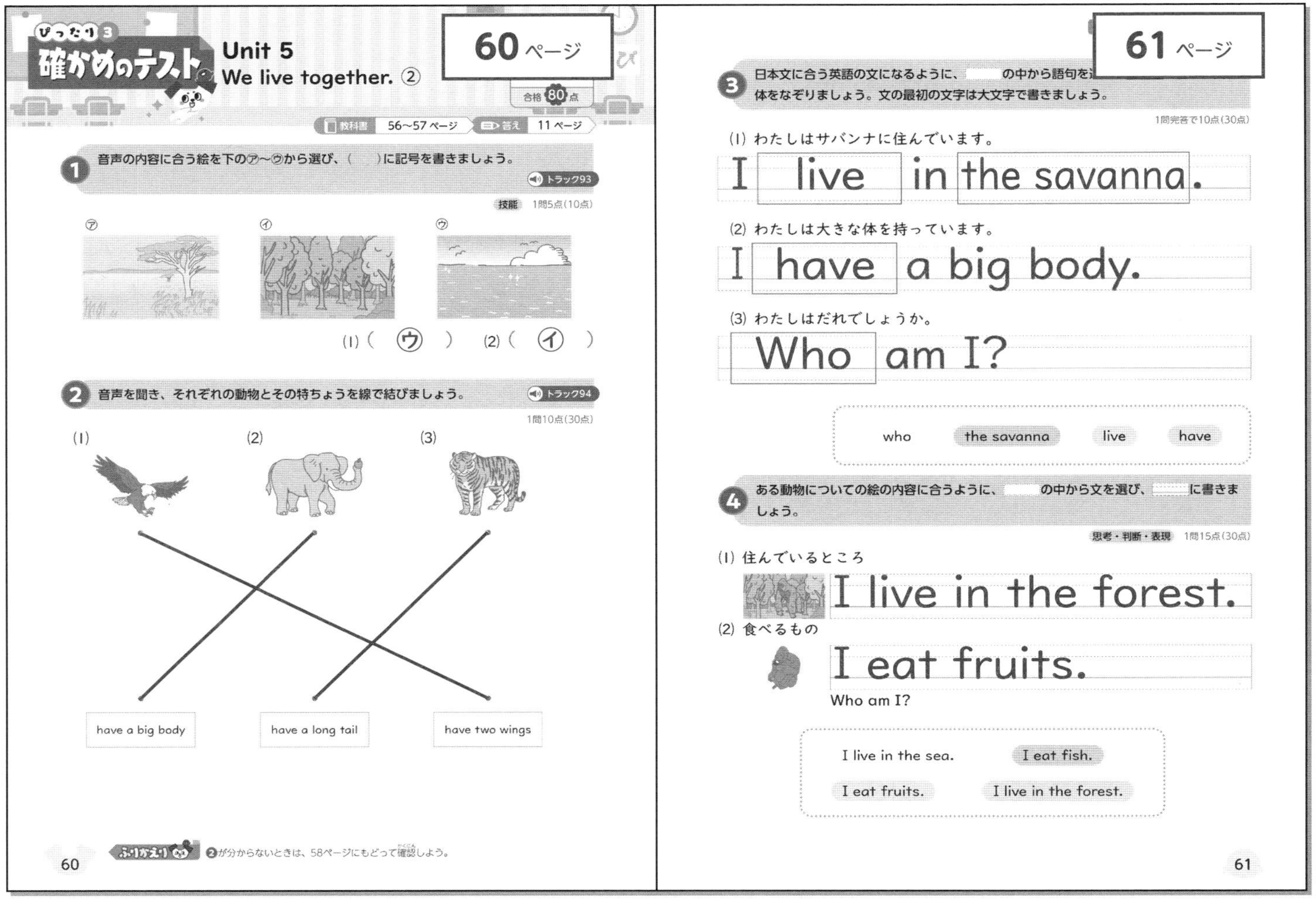
ぴったり3 確かめのテスト

Unit 5
We live together. ②

合格80点

教科書 56~57ページ　答え 11ページ

1 音声の内容に合う絵を下の㋐~㋒から選び、(　)に記号を書きましょう。　トラック93

技能　1問5点(10点)

㋐　㋑　㋒

(1)(㋒)　(2)(㋑)

2 音声を聞き、それぞれの動物とその特ちょうを線で結びましょう。　トラック94

1問10点(30点)

(1)　(2)　(3)

have a big body　have a long tail　have two wings

ふりかえり　2が分からないときは、58ページにもどって確認《かくにん》しよう。

60

3 日本文に合う英語の文になるように、[　]の中から語句を選び、体をなぞりましょう。文の最初の文字は大文字で書きましょう。

1問完答で10点(30点)

(1) わたしはサバンナに住んでいます。

I live in the savanna.

(2) わたしは大きな体を持っています。

I have a big body.

(3) わたしはだれでしょうか。

Who am I?

who　the savanna　live　have

4 ある動物についての絵の内容に合うように、[　]の中から文を選び、[　]に書きましょう。

思考・判断・表現　1問15点(30点)

(1) 住んでいるところ

I live in the forest.

(2) 食べるもの

I eat fruits.

Who am I?

I live in the sea.　I eat fish.
I eat fruits.　I live in the forest.

61

1 動物が住んでいる場所を正しく聞き取ろう。

2 それぞれの動物の特ちょうを正しく聞き取ろう。two wingsは「2つのつばさ」、big bodyは「大きな体」、long tailは「長いしっぽ」だね。

3 (1) 「～に住んでいる」はlive in ～で表そう。

(2) 「持つ」はhaveで表すよ。

(3) 「だれ」とたずねるときは、Whoで文をはじめよう。

4 (1) I live in the forest.「わたしは森に住んでいます。」が絵の内容に合うね。

(2) I eat fruits.「わたしは果物《くだもの》を食べます。」が絵の内容を正しく表しているね。

読まれる英語

1 (1) I live in the sea.

(2) I live in the forest.

2 (1) I have two wings.

(2) I have a big body.

(3) I have a long tail.

おうちのかたへ

このUnitでは、見た目や住んでいる場所など、動物の特徴を伝える表現と、Who am I？「わたしはだれでしょう。」とたずねる表現を学びました。

ある動物の特徴を伝えたあとに、Who am I？と言って何の動物か当ててもらうクイズを、お子さんと出し合ってみてください。ゲーム感覚で楽しみながら、学習した英語表現を使う練習をしましょう。

66ページ

ぴったり3 **確かめのテスト**

Unit 6
I want to go to Italy.

合格80点

教科書 64〜65ページ　答え 12ページ

1 音声の内容に合う絵を下の㋐〜㋒から選び、(　　)に記号を書きましょう。 トラック103

技能 1問5点(10点)

㋐ ㋑ ㋒

(1)(㋐)　(2)(㋒)

2 音声を聞き、それぞれの人が紹介《しょうかい》していることを㋐〜㋓から選び、記号で答えましょう。 トラック104

1問10点(30点)

(1) Maria (㋒)　(2) Jack (㋓)　(3) Lisa (㋐)

㋐ ㋑ ㋒ ㋓

ふりかえり ②が分からないときは、62、64ページにもどって確認《かくにん》しよう。

66

67ページ

3 日本文に合う英語の文になるように、　　の中から語を選 をなぞりましょう。

1問完答で10点(40点)

(1) あなたは万里《ばんり》の長城を訪《たず》ねることができます。

You can **visit** the Great Wall.

(2) あなたはメープルシロップを買うことができます。

You can **buy** maple syrup.

(3) あなたはエスカルゴを食べることができます。

You can **eat** escargots.

(4) あなたはエッフェル塔《とう》を見ることができます。

You **can** **see** the Eiffel Tower.

visit　see　eat　can　buy

4 絵の内容に合うように、　　の中から文を選び、　　に書きましょう。

思考・判断・表現 1問10点(20点)

(1)  You can visit New York.

(2)  You can eat delicious pizza.

You can see the Northern Lights.　You can visit New York.
You can visit the Taj Mahal.　You can eat delicious pizza.

67

読まれる英語

1 (1) You can eat Korean food.
(2) You can visit Machu Picchu.

2 (1) Hi, I'm Maria.　You can eat escargots. It's good.
(2) Hello, I'm Jack.　You can buy maple syrup.　It's delicious.
(3) Hello, I'm Lisa.　You can see the Northern Lights.　It's beautiful.

おうちのかたへ

このUnitでは、「それぞれの国でできること」を紹介する表現を学びました。
行ってみたい国や、興味のある国をいくつかあげて、その国でできることをお子さんと英語で伝え合ってみてください。
あまり知らない国についても、その国について調べることで、世界に興味を持つきっかけになるのではないでしょうか。

1 それぞれの国でできることを正しく聞き取ろう。

2 相手ができることを伝えるときは、You can 〜.で表すことに注意しよう。

3 (1)「〜を訪《たず》ねる」はvisit 〜で表そう。
(2)「〜を買う」はbuy 〜で表そう。
(4)「〜を見る」はsee 〜で表すことができるね。

4 (1) You can visit New York.で「あなたはニューヨークを訪ねることができます。」と表すことができるね。
(2) You can eat delicious pizza.で「あなたはおいしいピザを食べることができます。」が絵の内容に合うね。

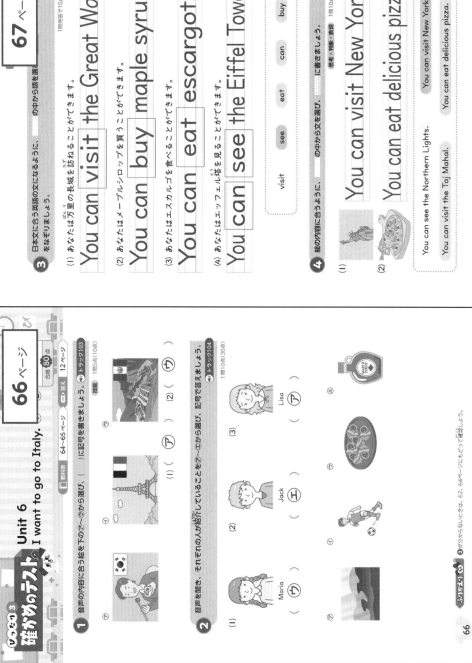

ぴったり3 確かめのテスト
Unit 6
I want to go to Italy.

72ページ

合格 80 点

教科書 66〜67ページ　答え 13ページ

1 音声の内容に合う絵を下のア〜ウから選び、（　）に記号を書きましょう。 トラック113

技能 1問5点(10点)

(1)（ ウ ）　(2)（ イ ）

2 音声を聞き、それぞれの人が行きたい国をア〜エから選び、記号で答えましょう。 トラック114

1問10点(30点)

(1) John（ エ ）　(2) Lisa（ ウ ）　(3) Jack（ ア ）

ふりかえり ②が分からないときは、68ページにもどって確認《かくにん》しよう。

73ページ

3 日本文に合う英語の文になるように、　　の中から語句を選び、　　に書きましょう。文の最初の文字は大文字で書きましょう。

1問完答で10点(40点)

(1) あなたはどこへ行きたいですか。

Where do you want to go?

(2) わたしはアメリカ合衆国《がっしゅうこく》に行きたいです。

I want to go to the U.S

(3) あなたは何をしたいですか。

What do you want to do?

(4) わたしはメジャーリーグの野球の試合を見たいです。

I want to see a Major League baseball game.

do　the U.S.　where　see　go　what　want

4 絵の内容に合うように、　　の中から文を選び、　　に書きましょう。

思考・判断・表現 1問10点(20点)

(1)

Where do you want to go?

— I want to go to Italy.

(2)

What do you want to do?

— I want to see a soccer game.

I want to go to Kenya.　I want to see a soccer game.
I want to go to Italy.　I want to see a panda.

この本の終わりにある「冬のチャレンジテスト」をやってみよう！

1 「どんなことをしたいか」を正しく聞き取ろう。

2 それぞれの人が行きたい国を正しく聞き取ろう。

3 (1) 「どこ」とたずねるときはWhereで文をはじめよう。

(4) 「〜を見たい」はwant to see 〜で表すよ。

4 (1) 「あなたはどこに行きたいですか。」とたずねているので、絵の内容からI want to go to Italy.「わたしはイタリアに行きたいです。」を選ぼう。

(2) 「あなたは何をしたいですか。」に答えるので、絵の内容からI want to see a soccer game.「わたしはサッカーの試合を見たいです。」を選ぼう。

読まれる英語

1 (1) I want to see wild animals.

(2) I want to eat Korean food.

2 (1) A: John, where do you want to go?

B: I want to go to Brazil.

(2) A: Lisa, where do you want to go?

B: I want to go to Korea.

(3) A: Jack, where do you want to go?

B: I want to go to China.

おうちのかたへ

このUnitでは、行きたい国や、その国でしたいことを伝える表現を学びました。

お子さんと、Where do you want to go?「あなたはどこへ行きたいですか。」、What do you want to do?「あなたは何をしたいですか。」とたずね合ってみてください。I want to 〜.を使って、自分のしたいことを自由に表現してみましょう。

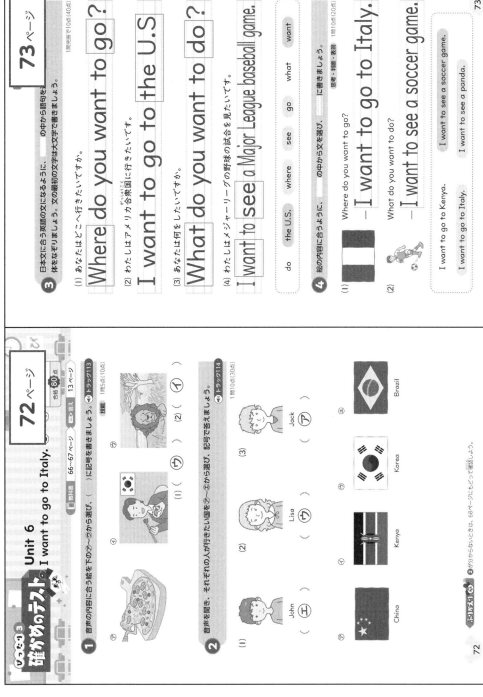

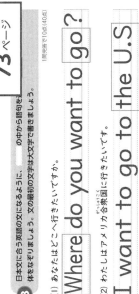

78ページ

ぴったり3 確かめのテスト

Unit 7 My Dream ①〜②

教科書 76〜77ページ　答え 14ページ

合格 80 点

❶ 音声の内容に合う絵を下の㋐〜㋒から選び、（　）に記号を書きましょう。 トラック123

技能　1問5点(10点)

㋐ ㋑ ㋒

(1)（ ㋑ ）　(2)（ ㋐ ）

❷ 音声を聞き、それぞれの人が勉強したい教科を㋐〜㋓から選び、記号で答えましょう。 トラック124

1問10点(30点)

(1) Jack（ ㋑ ）　(2) Lisa（ ㋐ ）　(3) John（ ㋓ ）

㋐ ㋑ ㋒ ㋓

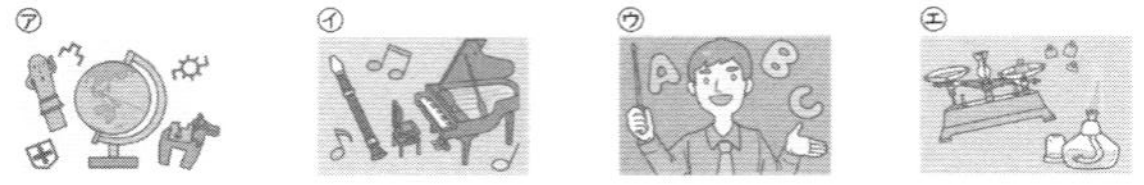

ふりかえり ❷が分からないときは、74、76ページにもどって確認しよう。

78

79ページ

❸ 日本文に合う英語の文になるように、　　の中から語句を選び、体をなぞりましょう。2回使う言葉もあります。文の最初の文字は大文字で書きましょう。

1問完答で10点(40点)

(1) あなたはどのクラブに入りたいですか。

What club do you want to join?

(2) わたしは理科部に入りたいです。

I want to join the science club.

(3) あなたは何を勉強したいですか。

What do you want to study?

(4) わたしは英語を勉強したいです。

I want to study English.

science club　English　want　study　join　what

❹ 絵の内容に合うように、　　の中から文を選び、　　に書きましょう。

思考・判断・表現　1問10点(20点)

(1)

What club do you want to join?

— I want to join the soccer team.

(2)

What do you want to study?

— I want to study Japanese.

What club do you want to join?

I want to study Japanese.

79

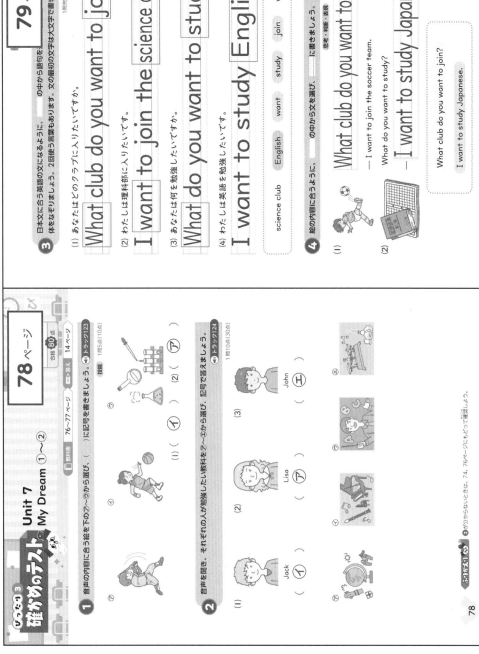

読まれる英語

❶ (1) A: What club do you want to join?
B: I want to join the basketball team.
(2) A: What club do you want to join?
B: I want to join the baseball team.

❷ (1) Hi, I'm Jack. I want to study music.
(2) Hello, I'm Lisa. I want to study social studies.
(3) Hello, I'm John. I want to study science.

おうちのかたへ

このUnitでは、入りたい部活動や勉強したい教科を伝える表現、また、それらをたずねる表現を学びました。

お子さんに中学校で入りたい部活動や勉強したい教科をたずね、I want to join 〜.、I want to study 〜. という表現を使う練習をしてください。

教科や部活動を表す英語も、正しく言えているか確認しましょう。

❶ 部活動を表す言葉を正しく聞き取ろう。

❷ 勉強したい教科は、I want to study 〜.で表すよ。教科を表す言葉を正しく聞き取ろう。

❸ (1) 「どの」とたずねる文なので、Whatで文をはじめよう。
(2) 「〜したい」はwant to 〜で表そう。

❹ (1) 「わたしはサッカー部に入りたいです。」と答えているので、「あなたはどのクラブに入りたいですか。」とたずねる文を選ぼう。
(2) 「あなたは何を勉強したいですか。」とたずねているので、絵の内容から「わたしは国語を勉強したいです。」と答えている文を選ぼう。

84ページ

ぴったり3 確かめのテスト Unit 7 My Dream ③～④

合格80点　教科書 78～79ページ　答え 15ページ

❶ 音声の内容に合う絵を下の㋐～㋒から選び、（　）に記号を書きましょう。トラック133

技能　1問5点(10点)

(1)（ ㋐ ）　(2)（ ㋒ ）

❷ 音声を聞き、それぞれの人がなりたい職業を㋐～㋓から選び、記号で答えましょう。トラック134

1問10点(30点)

(1) Jack（ ㋒ ）　(2) Lisa（ ㋐ ）　(3) John（ ㋓ ）

ふりかえり ❷が分からないときは、80、82ページにもどって確認《かくにん》しよう。

84

85ページ

❸ 日本文に合う英語の文になるように、[　]の中から語を選び、[　]に書き、文全体をなぞりましょう。文の最初の文字は大文字で書きましょう。

1問完答で10点(40点)

(1) あなたは何になりたいですか。

What do you want to be?

(2) わたしはロボットクリエイターになりたいです。

I want to be a robot creator.

(3) どうしてですか。

Why?

(4) わたしはロボットを作りたいです。

I want to make robots.

why　be　to　make　what　want

❹ 男の子がなりたい職業とその理由について、教室でスピーチをします。絵の内容に合うように、[　]の中から文を選び、[　]に書きましょう。

思考・判断・表現　1問10点(20点)

(1) I want to be an artist.

(2) I want to draw pictures.

I want to help animals.　I want to be a vet.
I want to draw pictures.　I want to be an artist.

85

❶ 職業を表す言葉を正しく聞き取ろう。

❷ なりたい職業はI want to be a[an]～.で表されるよ。

❸ (1) 「何」とたずねるときは、Whatで文をはじめよう。

(3) Why?で、理由をたずねることができるよ。

(4) 「ロボットを作る」はmake robotsで表そう。

❹ (1) 「わたしは芸術家になりたいです。」という文が、絵の内容に合っているね。

(2) 芸術家になりたい理由なので、「わたしは絵をかきたいです。」という文を選ぼう。

読まれる英語

❶ (1)A: What do you want to be?
B: I want to be an astronaut.
(2)A: What do you want to be?
B: I want to be an actor.

❷ (1) Hi, I'm Jack. I want to be a vet.
I want to help animals.
(2) Hello, I'm Lisa. I want to be a pilot.
I want to see the world.
(3) Hello, I'm John. I want to be a soccer player. I want to play soccer.

おうちのかたへ

このUnitでは、なりたい職業についてのやりとりと、その理由をたずねる表現、伝える表現を学びました。

お子さんに、将来なりたい職業をたずね、I want to be ～.と正しく答えられるかどうか確認してください。職業を表す言葉も復習しましょう。なりたい職業が言えたら、Why? とその理由もたずねてみてください。

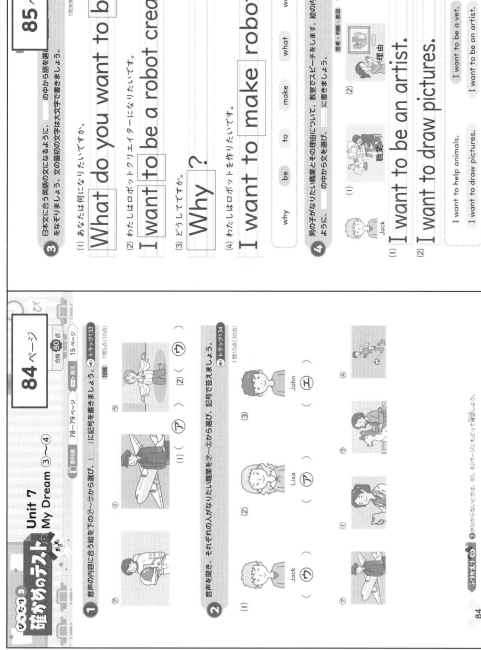

90ページ

ぴったり3 確かめのテスト

Unit 8
My Best Memory ①〜③

合格80点

教科書 86〜89ページ　答え 16ページ

1 音声の内容に合う絵を下の㋐〜㋒から選び、(　)に記号を書きましょう。 トラック143

技能 1問5点(10点)

(1)(㋒)　(2)(㋐)

2 音声を聞き、それぞれの人の思い出と、その行事でしたことを線で結びましょう。 トラック144

1問完答で10点(30点)

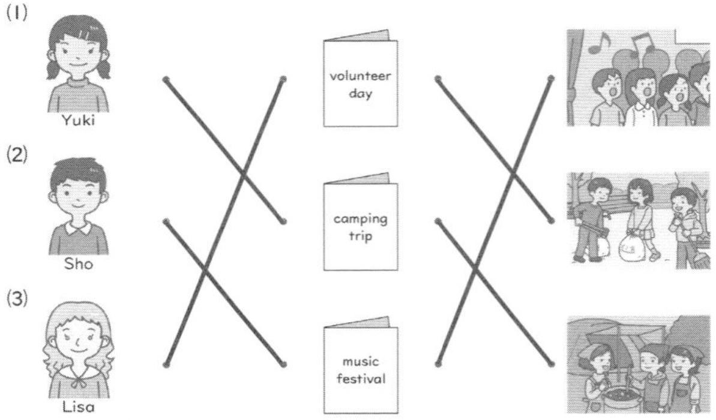

ふりかえり ②が分からないときは、86、88ページにもどって確認《かくにん》しよう。

90

91ページ

3 日本文に合う英語の文になるように、　の中から語句を選び、　に書きましょう。2回使う言葉もあります。文の最初の文字は大文字で書きましょう。

1問完答で10点(30点)

(1) あなたのいちばんいい思い出は何ですか。

What's your best memory?

(2) わたしのいちばんいい思い出は、わたしたちの修学旅行です。

My best memory is our school trip.

(3) わたしたちはたくさんの寺を見ました。

We saw many temples.

school trip　what's　saw　memory

4 男の子が思い出の行事について、教室でスピーチをします。絵の内容に合うように、　の中から文を選び、　に書きましょう。

思考・判断・表現 1問15点(30点)

Hi. I'm Yuto.

(1) My best memory is our field trip.

(2) We saw many cars.

My best memory is our field trip.
My best memory is our swimming meet.
We saw many cars.　We enjoyed a swimming race.

91

読まれる英語

1 (1) My best memory is our entrance ceremony.

(2) My best memory is our graduation ceremony.

2 (1) I'm Yuki. My best memory is our camping trip. We cooked dinner.

(2) I'm Sho. My best memory is our music festival. We enjoyed singing songs.

(3) I'm Lisa. My best memory is our volunteer day. We cleaned the park.

おうちのかたへ

このUnitでは、思い出の行事を伝える表現、その行事で何をしたかを伝える表現を学びました。

お子さんが小学校で思い出に残った行事を伝えることができるかどうか、What's your best memory? とたずねてみてください。

また、何をしたかを伝えるときは、enjoyed、saw など過去の動作を表す言葉を使えているかどうか確認しましょう。

1 行事の名前を正しく聞き取ろう。

2 思い出の行事はMy best memory is 〜.で表されるよ。次に、それぞれの人がその行事でしたことを正しく聞き取ろう。We(わたしたちは)で文がはじまることに注意しよう。

3 (1) What isはWhat'sと表すことができるよ。

(2) 「わたしたちの修学旅行」はour school tripで表すよ。

(3) 「見た」はsawで表そう。

4 (1) 絵の内容から、「わたしのいちばんいい思い出は社会見学です。」という文を選ぼう。

(2) 社会見学でしたことを選ぼう。「わたしたちはたくさんの車を見ました。」という文が合うね。

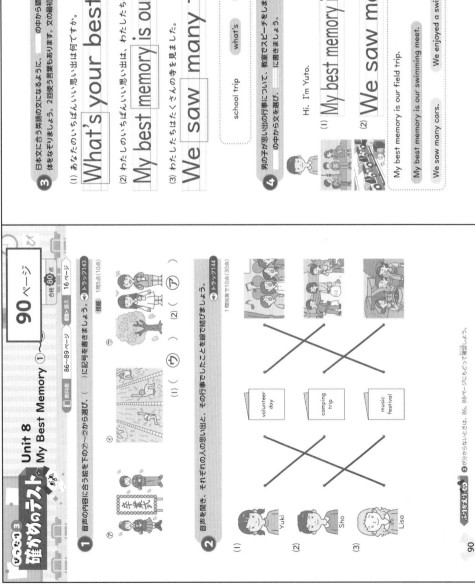

ぴったり3 確かめのテスト Unit 8 My Best Memory ③

94ページ

合格 80 点

教科書 88～89ページ　答え 17ページ

1 音声の内容に合う絵を下のア～ウから選び、(　)に記号を書きましょう。トラック149

技能 1問5点(10点)

(1) (ア)　(2) (ウ)

2 音声を聞き、それぞれの人が思い出に残っている行事でしたことと、その感想を線で結びましょう。トラック150

1問完答で10点(30点)

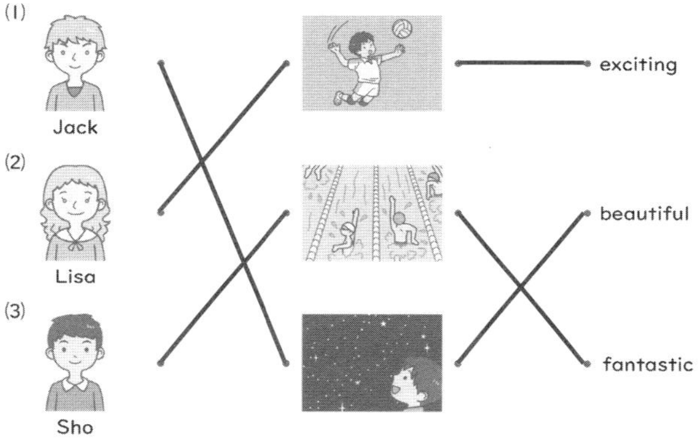

ふりかえり ②が分からないときは、92ページにもどって確認《かくにん》しよう。

94

95ページ

3 日本文に合う英語の文になるように、[　　]の中から語を選び、[　　]をなぞりましょう。

1問完答で10点(40点)

(1) わたしたちは京都へ行きました。

We went to Kyoto.

(2) わたしたちはぎおん祭りを見ました。

We saw the Gion Festival.

(3) それはかっこよかったです。

It was cool .

(4) それはおもしろかったです。

It was interesting.

cool　went　was　saw

この本の終わりにある「春のチャレンジテスト」をやってみよう！

4 女の子が思い出の行事について、教室でスピーチをします。絵の内容に合うように、[　　]の中から文を選び、[　　]に書きましょう。

思考・判断・表現 1問10点(20点)

Hello. I'm Yumi.
My best memory is our music festival.

(1) We sang songs.

(2) It was fun.

We sang songs.　It was delicious.
We cleaned the park.　It was fun.

この本の終わりにある「学力診断テスト」をやってみよう！

95

読まれる英語

1 (1) We went to the car factory. It was interesting.
(2) We saw a castle. It was big.

2 (1) I'm Jack. My best memory is our camping trip. We saw many stars. It was beautiful.
(2) I'm Lisa. My best memory is our sports day. We played volleyball. It was exciting.
(3) I'm Sho. My best memory is our swimming meet. We enjoyed a swimming race. It was fantastic.

おうちのかたへ

このUnitでは、思い出の行事で何をしたかを伝える表現に加えて、その感想を伝える表現も学びました。

お子さんに思い出の行事をたずねて、sangやwent、またIt was ～.といった過去を表す言葉を正しく使えているかどうか確認してみてください。

学習した表現を復習しながら、小学校の思い出をふりかえるよい機会になるのではないでしょうか。

1 感想を表す表現を正しく聞き取ろう。

2 saw、playedなど、「～した」という表現を正しく聞き取ろう。感想はIt was ～.「～だった」で表されていることに注意しよう。

3 (1) 「行った」はwentで表すよ。
(2) 「見た」はsawで表すことができるね。
(4) 「～だった」というときはis ではなくwasを使うよ。

4 (1) 「わたしたちは歌を歌いました。」という文が絵の内容を正しく表しているね。
(2) 絵の内容から、「それは楽しかったです。」という文を選ぼう。

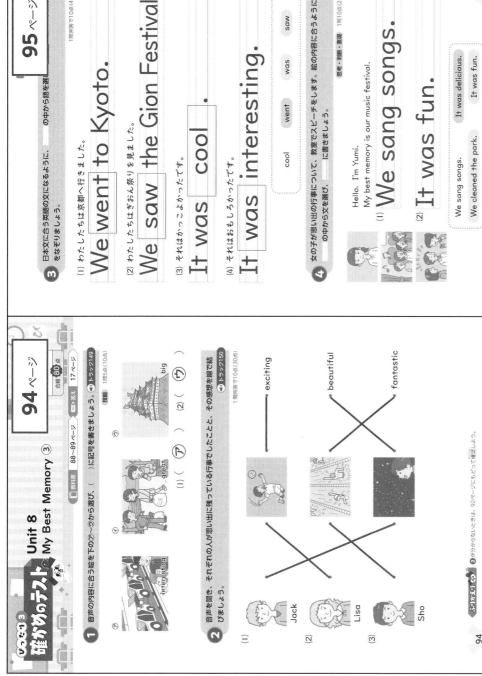

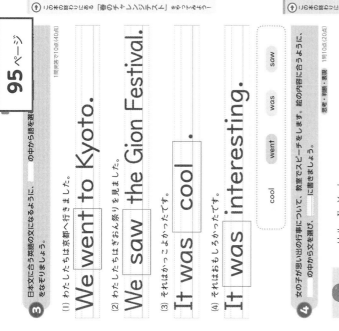

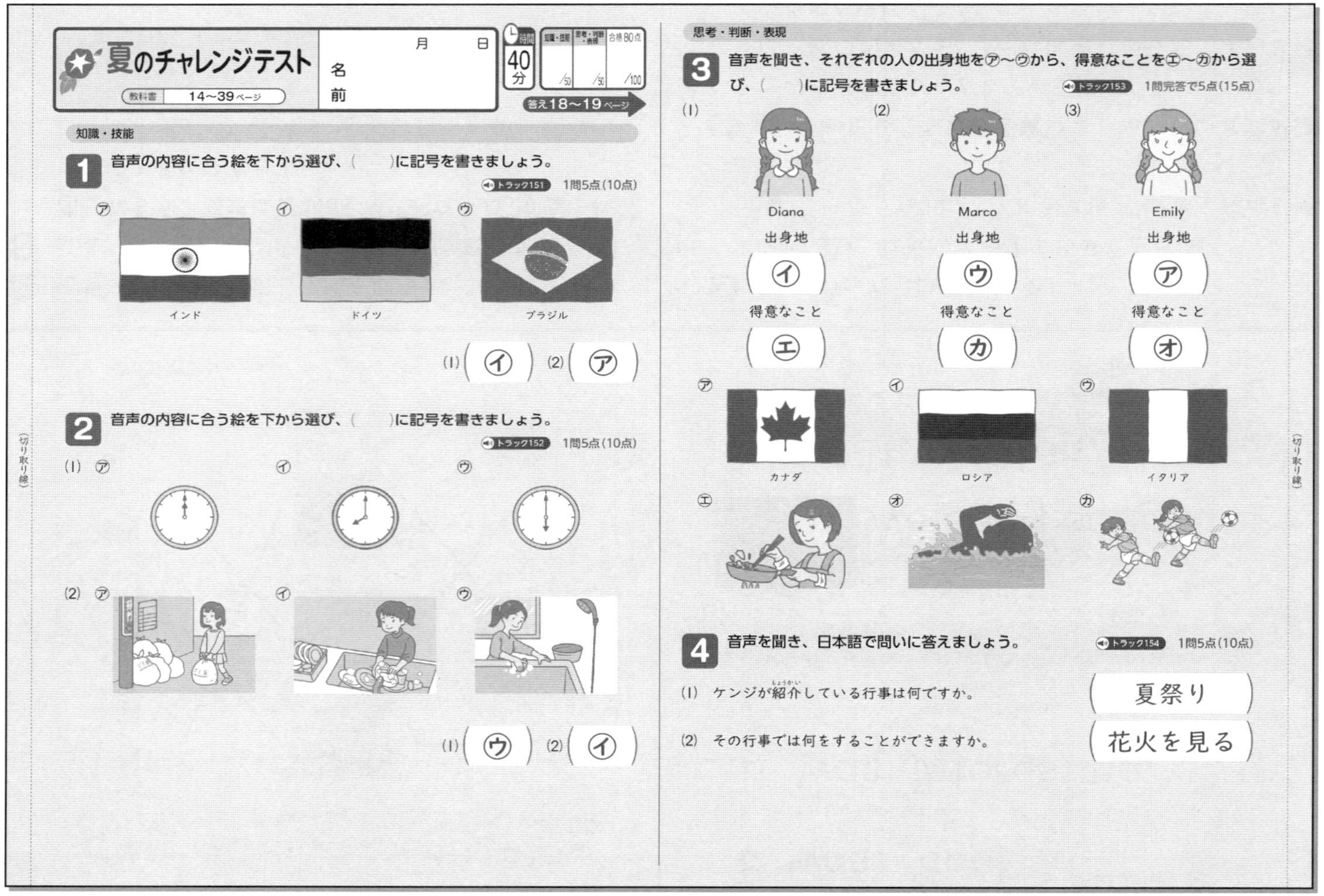
夏のチャレンジテスト

教科書 14~39ページ

名前　　月　日

時間 40分

知識・技能 /50　思考・判断・表現 /50　合格80点 /100

答え18~19ページ

知識・技能

1 音声の内容に合う絵を下から選び、(　)に記号を書きましょう。 トラック151 1問5点(10点)

ア インド　イ ドイツ　ウ ブラジル

(1)(イ)　(2)(ア)

2 音声の内容に合う絵を下から選び、(　)に記号を書きましょう。 トラック152 1問5点(10点)

(1) ア　イ　ウ

(2) ア　イ　ウ

(1)(ウ)　(2)(イ)

思考・判断・表現

3 音声を聞き、それぞれの人の出身地をア~ウから、得意なことをエ~カから選び、(　)に記号を書きましょう。 トラック153 1問完答で5点(15点)

(1) Diana 出身地(イ) 得意なこと(エ)

(2) Marco 出身地(ウ) 得意なこと(カ)

(3) Emily 出身地(ア) 得意なこと(オ)

ア カナダ　イ ロシア　ウ イタリア

エ　オ　カ

4 音声を聞き、日本語で問いに答えましょう。 トラック154 1問5点(10点)

(1) ケンジが紹介《しょうかい》している行事は何ですか。 (夏祭り)

(2) その行事では何をすることができますか。 (花火を見る)

読まれる英語

1 (1) Germany
(2) India

2 (1) A: What time do you get up?
B: I get up at 6:00.
(2) A: I always wash the dishes.
B: Great.

3 (1) A: Diana, where are you from?
B: I'm from Russia. I'm good at cooking.
(2) A: Marco, where are you from?
B: I'm from Italy. I'm good at soccer.
(3) A: Emily, where are you from?
B: I'm from Canada. I'm good at swimming.

4 Hello. I'm Kenji. In summer, we have a summer festival. You can see fireworks.

1 (1) Germany「ドイツ」　(2) India「インド」

2 時刻《じこく》や、している手伝《てつだ》いを正しく聞き取ろう。

3 出身地はI'm from ~.の文で表されるので、国の名前を注意して聞き取ろう。得意なことはI'm good at ~.の文で表されるので、それぞれの内容に合う絵を選ぼう。

4 (1) 夏の行事はIn summer, we have ~.という文で表されているよ。
(2) 行事でできることはYou can ~.という文で表されているよ。

知識・技能

5 絵の内容に合うように、□からことばを選んで□に書きましょう。

1問5点(15点)

(1) 
(2) 
(3) 

singing　running　skiing

skiing　running　singing

6 日本文に合う英語の文になるように、□の中からことばを選んで□に書き、文全体をなぞりましょう。文の最初の文字は大文字で書きましょう。

1問完答で5点(15点)

(1) あなたはどこの出身ですか。

Where are you from ?

(2) 私はいつも犬を散歩させます。

I always walk the dog.

(3) あなたはそばを食べることができます。

You can eat soba.

walk　eat　from
can　always　where

思考・判断・表現

7 女の子がスピーチをします。絵の内容に合うように、□の中からことばを選んで□に書き、文全体をなぞりましょう。

1問5点(15点)

(1) 
(2) 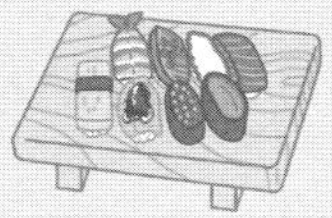
(3) 

(1) In fall, we have tsukimi .

(2) In Japan, you can eat sushi .

(3) You can visit a castle .

visit a castle　eat sushi
tsukimi　Children's Day

8 日本文に合うように、グレーの部分はなぞり、□にことばを入れましょう。文の最初の文字は大文字で書きましょう。

1問5点(10点)

(1) 私はフランス出身です。

I'm from France .

(2) 私はおどることが得意です。

I'm good at dancing .

切り取り線

切り取り線

5 (1) singing「歌うこと」　(2) running「走ること」　(3) skiing「スキーをすること」

6 (1) 「どこ」とたずねるときは、Whereで文を始めよう。

(2) 「いつも」はalwaysで表そう。

7 (1) 絵の内容から、「秋には、月見があります」という文をつくろう。

(2) 絵の内容から、「日本では、すしを食べることができます」という文をつくろう。

(3) 絵の内容から、「あなたは城を訪《おとず》れることができます」という文をつくろう。

8 (1) 出身地はI'm from ～.で表そう。　(2) 得意なことはI'm good at ～.で表そう。

間違えた言葉を書きましょう

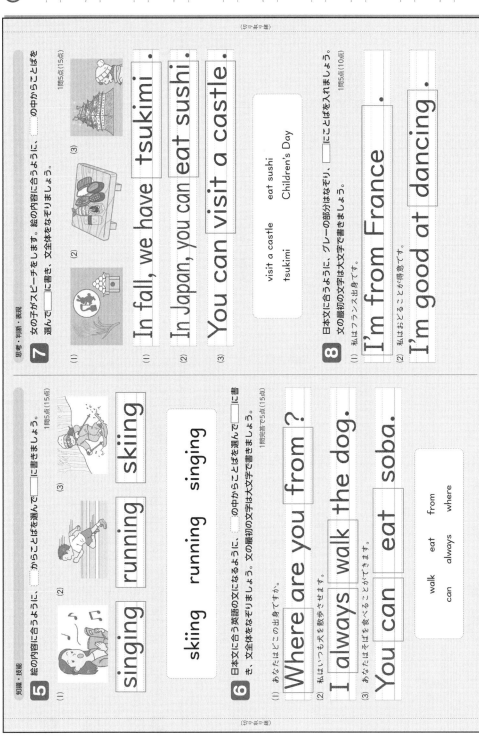

冬のチャレンジテスト
教科書 44〜69ページ
月　日
名前
時間 40分
知識・技能 /50　思考・判断・表現 /50　合格80点 /100
答え20〜21ページ

知識・技能

1 音声の内容に合う絵を下から選び、(　)に記号を書きましょう。
トラック155　1問5点(10点)

㋐ ㋑ ㋒
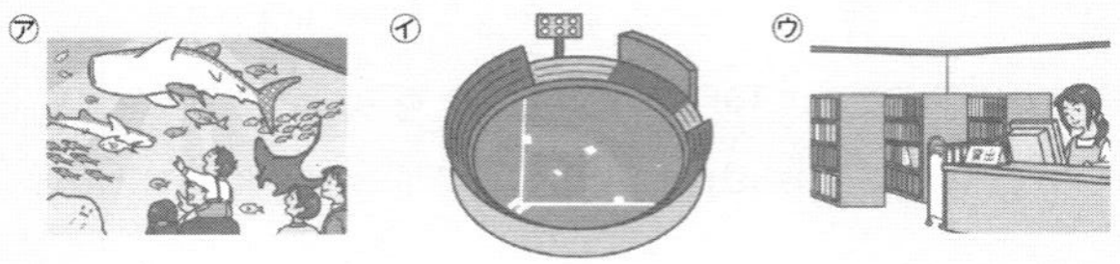

(1)(㋒) (2)(㋐)

2 音声の内容に合う絵を下から選び、(　)に記号を書きましょう。
トラック156　1問5点(10点)

(1) ㋐ ㋑ ㋒

(2) ㋐ ㋑ ㋒

(1)(㋑) (2)(㋐)

思考・判断・表現

3 音声を聞き、それぞれの人の訪《おとず》れたい国を㋐〜㋒から、その国でできることを㋓〜㋕から選び、(　)に記号を書きましょう。
トラック157　1問完答で5点(15点)

(1) Ryo	(2) Nao	(3) Shun
訪れたい国 (㋑)	訪れたい国 (㋐)	訪れたい国 (㋒)
できること (㋕)	できること (㋔)	できること (㋓)

㋐ China　㋑ Italy　㋒ France

㋓ ㋔ ㋕

4 音声を聞き、日本語で問いに答えましょう。
トラック158　1問5点(10点)

(1) アヤの演じている動物は何ですか。 (ライオン)

(2) アヤの演じている動物はどこに住んでいますか。 (サバンナ)

読まれる英語

1 (1) library
(2) aquarium

2 (1) I went to a summer festival. I enjoyed dancing.
(2) I went to the sea. I enjoyed swimming.

3 (1) I'm Ryo. I want to visit Italy. In Italy, you can eat pizza.
(2) I'm Nao. I want to visit China. In China, you can visit the Great Wall.
(3) I'm Shun. I want to visit France. In France, you can see the Eiffel Tower.

4 Hello. I'm Aya. I'm a lion. I live in the savanna. I eat zebras.

1 (1) library「図書館」　(2) aquarium「水族館」

2 (1) 楽しんだことを正しく聞き取ろう。
(2) 行った場所を正しく聞き取ろう。

3 訪《おとず》れたい国でできることは、In 〜, you can ....の文で表されるので、それぞれの内容に合う絵を選ぼう。動作のことばに注意して、できることを聞き取ろう。

4 live in 〜は「〜に住んでいる」、eat 〜は「〜を食べる」という意味だよ。

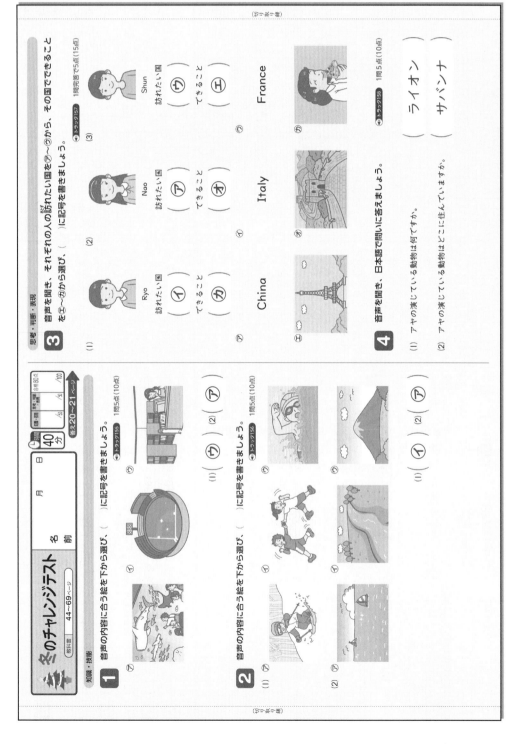

知識・技能

5 絵の内容に合うように、［　］からことばを選んで［　］に書きましょう。

1問5点(15点)

(1)

bear

(2)

panda

(3)

elephant

panda　elephant　bear

6 日本文に合う英語の文になるように、［　］の中からことばを選んで［　］に書き、文全体をなぞりましょう。文の最初の文字は大文字で書きましょう。

1問完答で5点(15点)

(1) あなたはどこに行きたいですか。

Where do you want to go?

(2) あなたはメープルシロップを買うことができます。

You can buy maple syrup.

(3) インドではカレーを食べることができます。

In India, you can eat curry.

can　where　India　buy　eat　go

思考・判断・表現

7 男の子が夏休みにしたことについてスピーチをします。絵の内容に合うように、［　］の中からことばを選んで［　］に書き、文全体をなぞりましょう。

1問5点(15点)

(1)
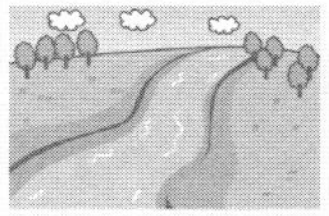
(2)

(3)

(1) I went to the river.

(2) I enjoyed fishing.

(3) It was great.

great　the river　the mountain
enjoyed fishing　ate watermelon

8 日本文に合うように、グレーの部分はなぞり、［　］にことばを入れましょう。国名の最初の文字は大文字で書きましょう。

1問5点(10点)

(1) あなたはニューヨークを訪《おとず》れることができます。

You can visit New York.

(2) カナダでは、オーロラを見ることができます。

In Canada, you can see the Northern Lights.

(切り取り線)

5 (1) bear「クマ」　(2) panda「パンダ」　(3) elephant「ゾウ」

6 (1) 場所をたずねるときはWhereで文を始めよう。

(2)(3) できることはcanを使って表そう。

7 (1) 絵の内容から、「私は川に行きました」という文をつくろう。

(2) 絵の内容から、「私はつりを楽しみました」という文をつくろう。

(3) 絵の内容から、「すばらしかったです」という文をつくろう。

8 (1) 訪《おとず》れることができる場所はYou can visit ～.で表そう。

(2) 「カナダ」はCanada、見ることができるものはyou can see ～.で表そう。

間違えた言葉を書きましょう

春のチャレンジテスト

教科書 74~91ページ

月　日

名前

時間 40分

知識・技能 /50　思考・判断・表現 /50　合格80点 /100

答え22~23ページ

知識・技能

1 音声の内容に合う絵を下から選び、(　)に記号を書きましょう。

トラック159　1問5点(10点)

ア　イ　ウ

(1)(ウ)　(2)(ア)

2 音声の内容に合う絵を下から選び、(　)に記号を書きましょう。

トラック160　1問5点(10点)

(1) ア　イ　ウ

(2) ア　イ　ウ

(1)(ア)　(2)(イ)

思考・判断・表現

3 音声を聞き、それぞれの人の将来の夢と中学校でしたいことを線で結びましょう。

トラック161　1問完答で5点(15点)

(1)　(2)　(3)

4 音声を聞き、日本語で問いに答えましょう。

トラック162　1問5点(10点)

(1) アキラのいちばん思い出に残った行事は何ですか。(音楽祭)

(2) アキラがその行事でしたことは何ですか。

(歌を歌った)

読まれる英語

1 (1) basketball team

(2) science club

2 (1)I want to join the track team. I'm good at running.

(2)I want to join the art club. I want to draw pictures.

3 (1)I'm Kaori. I want to be a florist. I want to join the volleyball team in junior high school.

(2)I'm Takeru. I want to be an actor. I want to study music.

(3)I'm Yuka. I want to be a doctor. I want to join the science club.

4 A: Akira, what's your best memory?

B: My best memory is our music festival. We sang songs.

1 (1) basketball team「バスケットボール部」　(2) science club「理科部」

2 部活動を表すことばを正しく聞き取ろう。

3 なりたい職業はI want to be ～.の文で、したいことはI want to ～.の文で表されるよ。

4 いちばん思い出に残った行事はMy best memory is ～.で表されるよ。行事でしたことも正しく聞き取ろう。

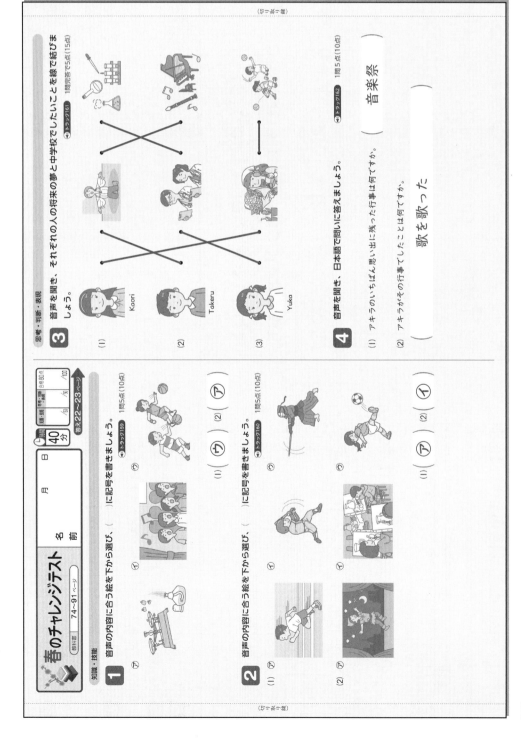

知識・技能

5 絵の内容に合うように、□からことばを選んで□に書きましょう。

1問5点(15点)

(1)

dentist

(2)

chef

(3)

farmer

chef　farmer　dentist

6 日本文に合う英語の文になるように、□の中からことばを選んで□に書き、文全体をなぞりましょう。

1問完答で5点(15点)

(1) 私のいちばんいい思い出は修学旅行です。

My best memory is our school trip.

(2) 私たちは多くの寺を見ました。

We saw many temples.

(3) 楽しかったです。

It was fun.

fun　memory　temples
saw　was　best

思考・判断・表現

7 女の子が中学校でがんばりたいことについてスピーチをします。絵の内容に合うように、□の中からことばを選んで□に書き、文全体をなぞりましょう。

1問5点(15点)

(1)

(2)

(3)

(1) I want to join the brass band.

(2) I want to study science.

(3) I want to be a pilot.

the brass band　the chorus
study science　study English
an engineer　a pilot

8 日本文に合うように、グレーの部分はなぞり、□にことばを入れましょう。

1問5点(10点)

(1) 私はサッカー部に入りたいです。

I want to join the soccer team.

(2) 私は先生になりたいです。

I want to be a teacher.

間違えた言葉を書きましょう

5 (1) dentist「歯医者」　(2) chef「料理長」　(3) farmer「農場経営者」

6 (1) いちばんいい思い出はMy best memory is ～.で文を始めよう。

(3) 感想はIt was ～.の文で表そう。

7 (1) 絵の内容から、「私はブラスバンド部に入りたいです」という文をつくろう。

(2) 絵の内容から、「私は理科を勉強したいです」という文をつくろう。

(3) 絵の内容から、「私はパイロットになりたいです」という文をつくろう。

8 (1) 「私は～に入りたいです」はI want to join ～.で表そう。

(2) 「私は～になりたいです」はI want to be a[an] ～.で表そう。

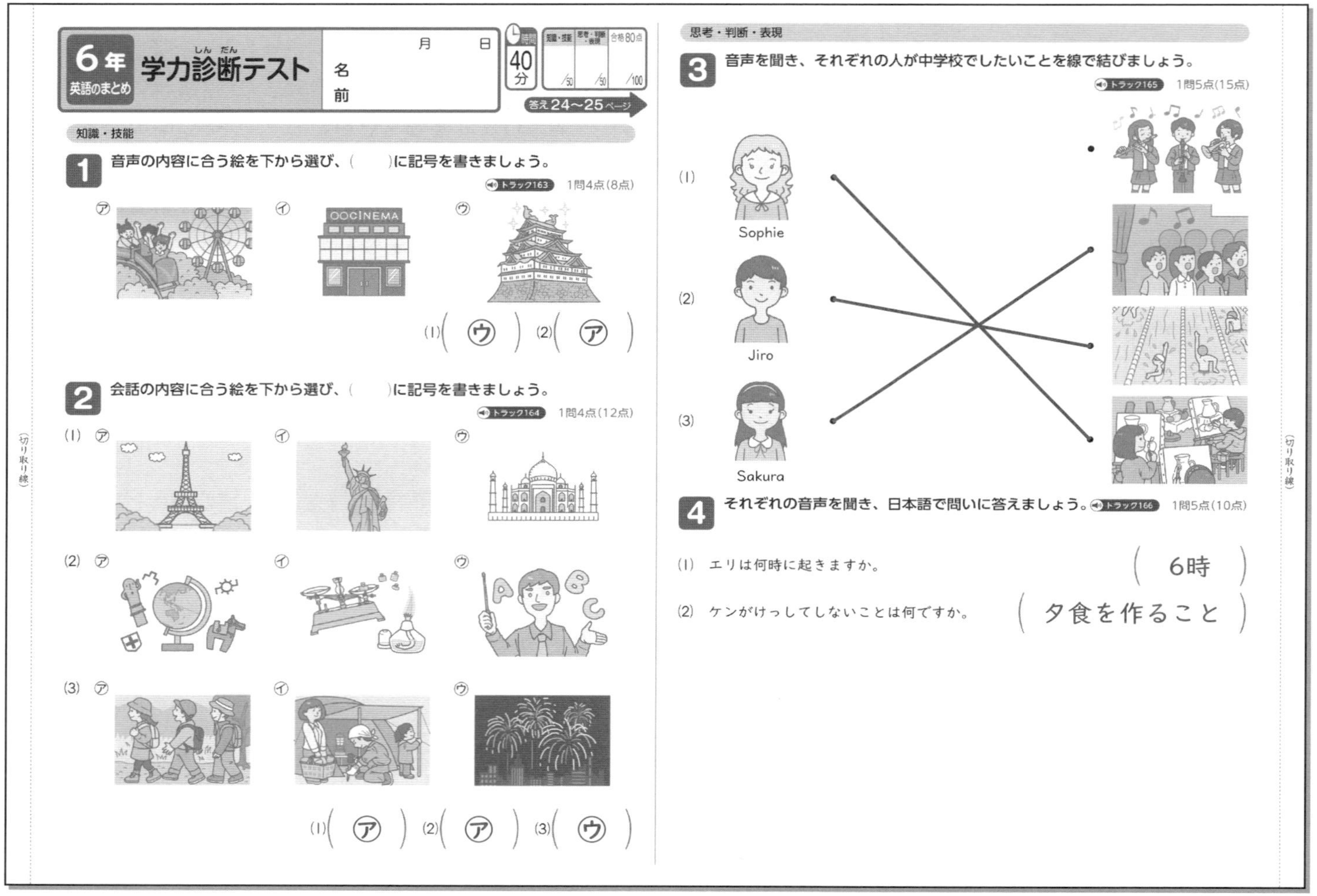

6年 英語のまとめ 学力診断《しんだん》テスト

月　日

名前

時間 40分

知識・技能 /50　思考・判断・表現 /50　合格80点 /100

答え24～25ページ

知識・技能

1 音声の内容に合う絵を下から選び、(　)に記号を書きましょう。 トラック163　1問4点(8点)

㋐　㋑ OOCINEMA　㋒

(1)(㋒)　(2)(㋐)

2 会話の内容に合う絵を下から選び、(　)に記号を書きましょう。 トラック164　1問4点(12点)

(1) ㋐　㋑　㋒

(2) ㋐　㋑　㋒

(3) ㋐　㋑　㋒

(1)(㋐)　(2)(㋐)　(3)(㋒)

思考・判断・表現

3 音声を聞き、それぞれの人が中学校でしたいことを線で結びましょう。 トラック165　1問5点(15点)

(1) Sophie

(2) Jiro

(3) Sakura

4 それぞれの音声を聞き、日本語で問いに答えましょう。 トラック166　1問5点(10点)

(1) エリは何時に起きますか。　(6時)

(2) ケンがけっしてしないことは何ですか。　(夕食を作ること)

切り取り線

読まれる英語

1 (1) In Japan, you can visit a castle.

(2) I went to an amusement park.

2 (1) A: Where do you want to go?

B: I want to go to France. I want to see the Eiffel Tower.

(2) A: What do you want to study?

B: I want to study social studies.

(3) A: How was your summer vacation?

B: It was wonderful! I saw fireworks.

3 (1) I'm Sophie. I want to join the art club.

(2) My name is Jiro. I want to join the swimming team.

(3) I'm Sakura. I want to join the chorus.

4 (1) Hello, I'm Eri. I usually get up at 6:00. I sometimes walk the dog. I never clean the bath.

(2) Hello, I'm Ken. I always eat breakfast at 7:00. I sometimes take out the garbage. I never cook dinner.

1 (1) a castleは「城」を表すよ。In Japan, you can visit ～.で「日本では、～を訪れることができます」と言っているよ。

(2) an amusement parkは「遊園地」を表すよ。I went to ～.で「私は～に行きました」と言っているよ。

2 行きたい場所やそこでしたいこと、勉強したい教科、感想を正しく聞き取ろう。

3 入りたい部活動を正しく聞き取ろう。

4 時刻《じこく》や、どれくらいするかを表す英語を正しく聞き取ろう。

知識・技能

5 絵の内容に合うように、［　］からことばを選んで［　］に書きましょう。 1問5点(15点)

(1)
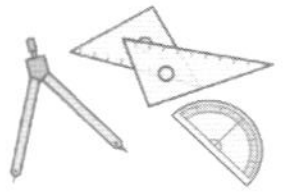
(2)

(3)

math　soccer　spring

soccer　spring　math

6 日本文に合う英語の文になるように、［　］の中からことばを選んで、［　］に書き、文全体をなぞりましょう。 1問完答で5点(15点)

(1) わたしはイタリアに行きたいです。

I want to go to Italy .

(2) クマは木の実を食べます。

Bears eat nuts .

(3) 冬にはお正月があります。

In winter, we have oshogatsu.

eat　Italy　want　winter　nuts

思考・判断・表現

7 絵の中の男の子になったつもりで、絵の内容に合うように、［　］の中からことばを選んで［　］に書き、文全体をなぞりましょう。 1問5点(15点)

(1) What's your best memory?

My best memory is our swimming meet.

(2)

I enjoyed swimming.

(3)

It was wonderful.

enjoyed swimming　wonderful　drama festival　swimming meet

8 日本文に合うように、グレーの部分はなぞり、［　］にことばを入れましょう。 1問5点(10点)

(1) わたしは英語の先生になりたいです。

I want to be an English teacher.

(2) わたしはサッカーが得意です。

I'm good at soccer.

(切り取り線)

間違えた言葉を書きましょう

5 (1) math「算数」 (2) soccer「サッカー」 (3) spring「春」

6 (1) 「～に行きたいです」はI want to go to ～.で表そう。

(2) 「クマ」はbears、「食べる」はeatで表そう。

(3) 「～には…があります。」はIn ～, we have ....で表そう。

7 (1) 絵の内容から、「私のいちばんいい思い出は水泳大会です」という文をつくろう。

(2) 絵の内容から、「私は泳ぐことを楽しみました」という文をつくろう。

(3) wonderfulを使って、「それはすばらしかったです」という文をつくろう。

8 (2) 「私は～が得意です」はI'm good at ～.で表そう。

メモ

メモ

付録　とりはずしてお使いください。

英語おさらいドリル

6年

こちらから
単語や文章の音声を
聞くことができます。

年　　組

アルファベット

アルファベットの大文字をなぞりましょう。また、くり返し書いてみましょう。

A B C D E F

G H I J K L

M N O P Q R

S T U V W X

Y Z

アルファベットの小文字をなぞりましょう。また、くり返し書いてみましょう。

a b c d e f

g h i j k l

m n o p q r

s t u v w x

y z

国名を表す言葉

国名を表す言葉をなぞりましょう。また、くり返し書いてみましょう。

□ベルギー

Belgium

□デンマーク

Denmark

□ネパール

Nepal

□キューバ

Cuba

□エクアドル

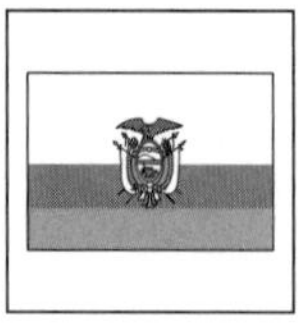

Ecuador

□タンザニア

Tanzania

聞かれたことについて、自分ならどう答えるか書いてみましょう。
空らんの言葉を埋めて、文をなぞりましょう。

1 自分の出身国を伝えるとき

I'm from ________.

（私は〇〇出身です。）

2 自分の行きたい国をたずねるとき、答えるとき

Where do you want to go?

（あなたはどこに行きたいですか。）

I want to go to ________.

（私は〇〇に行きたいです。）

3 「～に行きましょう。」とさそうとき

Let's go to ________.

（〇〇に行きましょう。）

身の回りのものを表す言葉

身の回りのものを表す言葉をなぞりましょう。また、くり返し書いてみましょう。

□かご

basket

□本

book

□電話

telephone

□せっけん

soap

□カメラ

camera

□ブラシ

brush

聞かれたことについて、自分ならどう答えるか書いてみましょう。
空らんの言葉を埋めて、文をなぞりましょう。

1 誕生日にほしいものをたずねるとき、答えるとき

What do you want for your birthday?

（あなたはあなたの誕生日に何がほしいですか。）

I want ＿＿＿＿＿＿＿＿

for my birthday.

（私は誕生日に○○がほしいです。）

2 自分の宝物を伝えるとき

My treasure is my ＿＿＿＿＿＿＿＿.

（私の宝物は○○です。）

1日の行動を表す言葉

1日の行動を表す言葉をなぞりましょう。また、くり返し書いてみましょう。

□花に水をやる

water the flowers

□顔を洗う

wash my face

□朝ご飯を食べる

eat breakfast

□制服を着る

wear the school uniform

□家を出る

leave home

□夕ご飯を食べる

eat dinner

聞かれたことについて、自分ならどう答えるか書いてみましょう。
空らんの言葉を埋めて、文をなぞりましょう。

1 ある時間にすることを伝えるとき

I always ＿＿＿＿＿＿＿＿

at 7:30.

（私は7時30分にいつも○○をします。）

I usually ＿＿＿＿＿＿＿＿

at six in the evening.

（私は夕方6時にたいてい○○をします。）

I sometimes ＿＿＿＿＿＿＿＿

on Saturday.

（私は土曜日に、ときどき○○をします。）

したこと（過去形）を表す言葉①

したことを表す言葉をなぞりましょう。また、くり返し書いてみましょう。

□家にいた

stayed home

□友達と遊んだ

played with my friends

□風呂を掃除した

cleaned the bath

□音楽を聞いた

listened to music

□友達と話した

talked with my friends

□テレビを見た

watched TV

聞かれたことについて、自分ならどう答えるか書いてみましょう。
空らんの中にはこれまで学んだ言葉を入れて、
自分のしたことと、その感想を書いてみましょう。

1 週末がどうだったかをたずねるとき、答えるとき

How was your weekend?

（週末はどうでしたか。）

It was great.

（それはすばらしかったです。）

2 週末にしたことを伝えるとき

I ＿＿＿＿＿＿＿＿＿＿＿＿＿＿＿＿ .

（私は〇〇をしました。）

したこと（過去形）を表す言葉②

したことを表す言葉をなぞりましょう。また、くり返し書いてみましょう。

□高尾山に登った

climbed Mt. Takao

□カレーライスを作った

made curry and rice

□おみやげを買った

bought souvenirs

□１位になった

won first place

□富士山を見た

saw Mt. Fuji

□速く走った

ran fast

聞かれたことについて、自分ならどう答えるか書いてみましょう。
空らんの中にはこれまで学んだ言葉を入れて、
自分のしたことと、その感想を書いてみましょう。

1 週末にしたことを伝えるとき

I went to ＿＿＿＿＿＿＿＿＿＿.

（私は○○に行きました。）

I ＿＿＿＿＿＿＿＿＿＿ there.

（私はそこで○○をしました。）

2 週末にしたことの感想を伝えるとき

It was ＿＿＿＿＿＿＿＿＿＿.

（それは○○でした。）

場所を表す言葉

場所を表す言葉をなぞりましょう。また、くり返し書いてみましょう。

□空港

airport

□工場

factory

□スケートパーク

skate park

□キャンプ場

campsite

□森

forest

□さばく

desert

聞かれたことについて、自分ならどう答えるか書いてみましょう。
空らんの言葉を埋めて、文をなぞりましょう。

1 町の中のお気に入りの場所をたずねるとき、答えるとき

What is your favorite place

in your town?

（あなたの町のお気に入りの場所は何ですか。）

My favorite place is

______.

（私のお気に入りの場所は○○です。）

2 自分の町にほしい施設や観光地などを伝えるとき

I want ______

in my town.

（私の町に○○がほしいです。）

地名を表す言葉

地名を表す言葉をなぞりましょう。また、くり返し書いてみましょう。

□北極

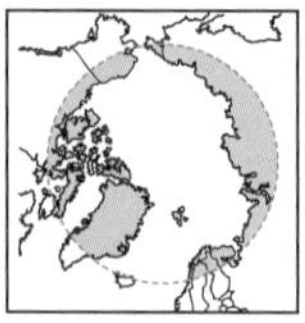

the Arctic

□南極

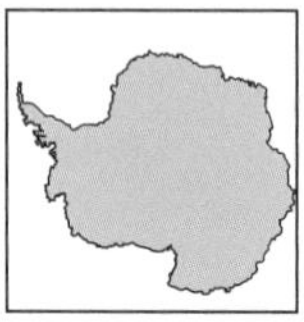

the Antarctic

□アフリカ

Africa

□ヨーロッパ

Europe

□南アメリカ

South America

□アジア

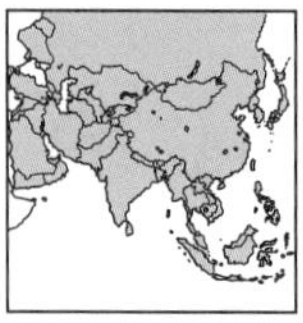

Asia

聞かれたことについて、自分ならどう答えるか書いてみましょう。
空らんの中にはこれまで学んだ言葉を入れて、
例にならって伝えてみましょう。

1 その国がどこの地域に属しているかを伝える場合

Japan is in Asia.

（日本はアジアにあります。）

France is in Europe.

（フランスはヨーロッパにあります。）

2 その地域で出会うことのできる動物などについて伝えるとき

We can see kangaroos in Oceania.

（オセアニアではカンガルーを見ることができます。）

We can see ＿＿＿＿

in ＿＿＿＿.

（○○では○○を見ることができます。）

学校行事を表す言葉

学校行事を表す言葉をなぞりましょう。また、くり返し書いてみましょう。

□文化祭

culture festival

□ひなん訓練

evacuation drill

□運動会

sports festival

□期末試験

term test

□マラソン大会

school marathon

□学芸会

drama festival

聞かれたことについて、自分ならどう答えるか書いてみましょう。
空らんの中にはこれまで学んだ言葉を入れて、
思い出と楽しんだことを伝えてみましょう。

1 思い出の学校行事をたずねるとき、答えるとき

What is your best memory?

（あなたの一番の思い出は何ですか。）

My best memory is

＿＿＿＿.

（私の一番の思い出は〇〇です。）

2 学校行事について、楽しんだことを伝えるとき

We enjoyed ＿＿＿＿.

（私たちは〇〇を楽しみました。）

部活動を表す言葉

部活動を表す言葉をなぞりましょう。また、くり返し書いてみましょう。

□放送部

broadcasting club

□英語部

English club

□体操部

gymnastics team

□水泳部

swimming team

□陸上部

track and field team

□写真部

photography club

聞かれたことについて、自分ならどう答えるか書いてみましょう。
空らんの中にはこれまで学んだ言葉を入れて、
自分のできること、したいことを伝えてみましょう。

1 中学校で入りたい部活についてたずねるとき、答えるとき

What club do you want to join?

（あなたは何の部活に入りたいですか。）

I want to join the

[　　　　　　　　] .

私は〇〇部に入りたいです。）

2 その部活に入りたい理由を伝えるとき

I can [　　　　　　　　] .

（私は〇〇ができます。）

I'm good at [　　　　　　　　] .

（私は〇〇が得意です。）

職業を表す言葉

職業を表す言葉をなぞりましょう。また、くり返し書いてみましょう。

□ファッションデザイナー

fashion designer

□消防士

firefighter

□イラストレーター

illustrator

□ジャーナリスト

journalist

□音楽家

musician

□薬剤師

pharmacist

聞かれたことについて、自分ならどう答えるか書いてみましょう。
空らんの中にはこれまで学んだ言葉を入れて、
自分のなりたい職業でしたいことも伝えてみましょう。

1 将来なりたい職業についてたずねるとき、答えるとき

What do you want to be?

（あなたは何になりたいですか。）

I want to be ＿＿＿＿＿＿＿＿.

（私は〇〇になりたいです。）

職業を表す言葉の前には
必ず a や an をつけましょう。

2 その職業について、したいことを伝えるとき

I want to ＿＿＿＿＿＿＿＿.

（私は〇〇がしたいです。）

3 自分のまわりの大人がついている職業について伝えるとき

My father is ＿＿＿＿＿＿＿＿.

（私の父は〇〇です。）

教科を表す言葉

教科を表す言葉をなぞりましょう。また、くり返し書いてみましょう。

□算数

math

□理科

science

□社会

social studies

□音楽

music

□体育

P.E.

□図画工作

arts and crafts

聞かれたことについて、自分ならどう答えるか書いてみましょう。
空らんの言葉を埋めて、文をなぞりましょう。

1 好きな教科についてたずねるとき、答えるとき

What subject do you like?

（あなたは何の教科が好きですか。）

I like ＿＿＿＿＿＿＿＿.

（私は〇〇が好きです。）

I don't like ＿＿＿＿＿＿＿＿.

（私は〇〇が好きではありません。）

2 自分の勉強したい教科について伝えるとき

I want to study ＿＿＿＿＿＿＿＿.

（私は〇〇を勉強したいです。）

感想を表す言葉

感想を表す言葉をなぞりましょう。また、くり返し書いてみましょう。

□こわい

scary

□困難な

tough

□簡単な

easy

□難しい

difficult

□たいくつな

boring

□独特の

unique

聞かれたことについて、自分ならどう答えるか書いてみましょう。
空らんの中にはこれまで学んだ言葉を入れて、
自分のおすすめの国について伝えてみましょう。

1 おすすめの国と、そこでできること、その感想を伝えるとき

Let's go to ＿＿＿＿＿＿＿＿.

（○○に行きましょう。）

You can see ＿＿＿＿＿＿＿＿.

（○○を見ることができます。）

It is ＿＿＿＿＿＿＿＿.

（それは○○です。）

乗り物を表す言葉

乗り物を表す言葉をなぞりましょう。また、くり返し書いてみましょう。

□一輪車

unicycle

□車いす

wheelchair

□パトカー

patrol car

□飛行機

airplane

□ボート

boat

□宇宙船

spaceship

聞かれたことについて、自分ならどう答えるか書いてみましょう。
空らんの中にはこれまで学んだ言葉を入れて、
自分のおすすめの場所について伝えてみましょう。

1 住んでいる地域の一番好きな場所と、そこでできること、どうやって行くことができるかを伝えるとき

My favorite place is

[　　　　　　　　　　].

（わたしのお気に入りの場所は〇〇です。）

You can [　　　　　　　　　　].

（〇〇をすることができます。）

You can go there by [　　　　　　　　　　].

（〇〇でそこに行くことができます。）

by は、「～で」という意味があり、そのあとに
乗り物を表す言葉を入れることができるよ。

家具・衣類を表す言葉

家具・衣類を表す言葉をなぞりましょう。また、くり返し書いてみましょう。

□コート

coat

□スカーフ

scarf

□スカート

skirt

□ジーンズ

jeans

□スリッパ

slippers

□ソファ

sofa

聞かれたことについて、自分ならどう答えるか書いてみましょう。
空らんの言葉を埋めて、文をなぞりましょう。

1 どこにあるかをたずねるとき、答えるとき

Where is ＿＿＿＿＿＿＿＿＿＿?

（〇〇はどこにありますか。）

It's on the ＿＿＿＿＿＿＿＿＿＿.

（〇〇の上にあります。）

2 ほしいものを伝えるとき

I want ＿＿＿＿＿＿＿＿＿＿.

（私は〇〇がほしいです。）

教科書ぴったりトレーニング

はなまるシール

- ふろくの「がんばり表」に使おう！
- はじめに、キミのおとも犬を選んで、がんばり表にはろう！
- 学習が終わったら、がんばり表に「はなまるシール」をはろう！
- 余ったシールは自由に使ってね。

キミのおとも犬

はなまるシール

好きななまえをつけてね！

なまえ

ぴた犬
（おとも犬）
シールを
はろう

シールの中から好きなぴた犬を選ぼう。

おうちのかたへ

がんばり表のデジタル版「デジタルがんばり表」では、デジタル端末でも学習の進捗記録をつけることができます。１冊やり終えると、抽選でプレゼントが当たります。「ぴたサポシステム」にご登録いただき、「デジタルがんばり表」をお使いください。LINE または PC・ブラウザを利用する方法があります。

LINE用　PC・ブラウザ用

★ ぴたサポシステムご利用ガイドはこちら ★
https://www.shinko-keirin.co.jp/shinko/news/pittari-support-system

スタート

Unit 1　This is me.

18〜19ページ	16〜17ページ	14〜15ページ	12〜13ページ	10〜11ページ	8〜9ページ
ぴったり3	ぴったり1 2	ぴったり1 2	ぴったり3	ぴったり1 2	ぴったり1 2
できたらシールをはろう	できたらシールをはろう	できたらシールをはろう	できたらシールをはろう	できたらシールをはろう	できたらシールをはろう

…ページ	50〜51ページ	52〜53ページ
1 2	ぴったり1 2	ぴったり3
…	できたらシールをはろう	できたらシールをはろう

Unit 5　We live together.

54〜55ページ	56〜57ページ	58〜59ページ	60〜61ページ
ぴったり1 2	ぴったり3	ぴったり1 2	ぴったり3
できたらシールをはろう	できたらシールをはろう	できたらシールをはろう	できたらシールをはろう

Unit 6　I want to go to Italy.

72〜73ページ	70〜71ページ	68〜69ページ	66〜67ページ	64〜65ページ	62〜63ページ
ぴったり3	ぴったり1 2	ぴったり1 2	ぴったり3	ぴったり1 2	ぴったり1 2
できたらシールをはろう	できたらシールをはろう	できたらシールをはろう	できたらシールをはろう	できたらシールをはろう	できたらシールをはろう

最後までがんばったキミは
「ごほうびシール」をはろう！

ごほうび
シールを
はろう

『ぴたトレ』は教科書にぴ
できるよ。教科書も見なが
ぴた犬たちが勉強をサポー

教科書ぴったりトレーニングの使い方

ふだんの学習

ぴったり1 準備

教科書のだいじなところをまとめていくよ。
めあて でどんなことを勉強するかわかるよ。
音声を聞きながら、自分で声に出してかくに
QR コードから「3 分でまとめ動画」が見ら

※QR コードは株式会社デンソーウェー

ぴったり2 練習

「ぴったり 1」で勉強したこと、おぼえてい
かくにんしながら、自分で書く練習をしよう

ぴったり3 確かめのテスト

「ぴったり 1」「ぴったり 2」が終わったら取り
学校のテストの前にやってもいいね。
わからない問題は、ふりかえり を見て前に
くにんしよう。

実力チェック

- 夏のチャレンジテスト
- 冬のチャレンジテスト
- 春のチャレンジテスト
- 6年 英語のまとめ 学力診断《しんだん》テスト

夏休み、冬休み、春休み前に
使いましょう。
学期の終わりや学年の終わりの
テストの前にやってもいいね。

ふだん
たら、
にシー

別《べっ》冊《さつ》

丸つけラクラク解答《かいとう》

問題と同じ紙面に赤字で「答え」が書いて
取り組んだ問題の答え合わせをしてみよう
問題やわからなかった問題は、右の「てびき
教科書を読み返したりして、もう一度見直

たり合わせて使うことが
ら、勉強していこうね。
するよ。

んしよう。
れるよ。
ブの登録商標です。

かな？

んでみよう。

もどってか

の学習が終わっ
「がんばり表」
ルをはろう。

あるよ。
まちがえた
を読んだり、
そう。

おうちのかたへ

本書『教科書ぴったりトレーニング』は、教科書の要点や重要事項をつかむ「ぴったり１ 準備」、おさらいをしながら単語や表現の書き取りに慣れる「ぴったり２ 練習」、テスト形式で学習事項が定着したか確認する「ぴったり３ 確かめのテスト」の３段階構成になっています。教科書の学習順序やねらいに完全対応していますので、日々の学習（トレーニング）にぴったりです。

「観点別学習状況の評価」について

学校の通知表は、「知識・技能」「思考・判断・表現」「主体的に学習に取り組む態度」の３つの観点による評価がもとになっています。

問題集やドリルでは、一般に知識を問う問題が中心になりますが、本書『教科書ぴったりトレーニング』では、次のように、観点別学習状況の評価に基づく問題を取り入れて、成績アップに結びつくことをねらいました。

ぴったり３ 確かめのテスト

●「知識・技能」のうち、特に技能（具体的な情報の聞き取りなど）を取り上げた問題には「技能」と表示しています。

●「思考・判断・表現」のうち、特に思考や表現（予想したり文章で説明したりすることなど）を取り上げた問題には「思考・判断・表現」と表示しています。

チャレンジテスト

●主に「知識・技能」を問う問題か、「思考・判断・表現」を問う問題かで、それぞれに分類して出題しています。

別冊『丸つけラクラク解答』について

おうちのかたへ では、次のようなものを示しています。

- **学習のねらいやポイント**
- **他の学年や他の単元の学習内容とのつながり**
- **まちがいやすいことやつまずきやすいところ**

お子様への説明や、学習内容の把握などにご活用ください。

内容の例

おうちのかたへ

このユニットでは、過去に行った場所やしたことを伝える表現を練習しました。I went to～.（私は～へ行きました。）などに対して、Sounds good!（楽しそうだね。）などを使って感想を伝えてみてください。

教科書ぴったりトレーニング 英語 6年 がんばり表

いつも見えるところに、この「がんばり表」をはっておこう。
この「ぴたトレ」を学習したら、シールをはろう！
どこまでがんばったかわかるよ。

Unit 3 What time do you get up?

34~35ページ	32~33ページ	30~31ページ
ぴったり3	ぴったり1 2	ぴったり1 2
できたら シールを はろう	できたら シールを はろう	できたら シールを はろう

36~37ページ	38~39ページ	40~41ページ
ぴったり1 2	ぴったり1 2	ぴったり3
できたら シールを はろう	できたら シールを はろう	できたら シールを はろう

Unit 2 Welcome to Japan.

28~29ページ	26~27ページ	24~25ページ	22~23ページ	20~21ページ
ぴったり3	ぴったり1 2	ぴったり3	ぴったり1 2	ぴったり1 2
できたら シールを はろう	できたら シールを はろう	できたら シールを はろう	できたら シールを はろう	できたら シールを はろう

Unit 4 My Summer Vacation

42~43ページ	44~45ページ	46~47ページ	48~49
ぴったり1 2	ぴったり1 2	ぴったり3	ぴったり
できたら シールを はろう	できたら シールを はろう	できたら シールを はろう	できたら シールを はろう

Unit 7 My Dream

84~85ページ	82~83ページ	80~81ページ	78~79ページ	76~77ページ	74~75ページ
ぴったり3	ぴったり1 2	ぴったり1 2	ぴったり3	ぴったり1 2	ぴったり1 2
できたら シールを はろう	できたら シールを はろう	できたら シールを はろう	できたら シールを はろう	できたら シールを はろう	できたら シールを はろう

Unit 8 My Best Memory

86~87ページ	88~89ページ	90~91ページ	92~93ページ	94~95ページ
ぴったり1 2	ぴったり1 2	ぴったり3	ぴったり1 2	ぴったり3
できたら シールを はろう	できたら シールを はろう	できたら シールを はろう	できたら シールを はろう	できたら シールを はろう

ゴール

ここでは、１日の生活ですること、過去にしたこと、感想について話すときに使える英語を紹介しています。英語を見ながら、自分ならどう答えるか考えてみましょう。

HIJKL

ここから音声が
聞けるよ！

- wash the dishes（皿を洗う）

出す）

過去の動作を表す英語

- went（行った）
- saw（見た）
- enjoyed（楽しんだ）
- ate（食べた）
- made（作った）

バッチリポスター

A B C D E F G

英語6年 場面で覚える英語集

―入りたい部活動・なりたい職業―

I want to join the b
わたしは吹奏楽部《すいそうがくぶ》に入りたいです。
What club do you want to join?
あなたは何の部活動に入りたいですか。
I want to join the baseball
わたしは野球部に入りたいです。
I want to join the volleyball team.
わたしはバレーボール部に入りたいです。
I wa
わたしは

部活動を表す英語

- art club（美術部）
- basketball team（バスケットボール部）
- soccer team（サッカー部）
- tennis team（テニス部）
- badminton team（バドミントン部）
- chorus（合唱部）
- baseball team（野球部）
- volleyball team（バレーボール部）
- brass band（吹奏楽部）

職業を表す英語

- astronaut（宇宙《うちゅう》
- comedian（お笑い
- farmer（農場主）
- nurse（看護師《かんごし》）
- teacher（先生）

ここでは、中学校で入りたい部活動や、将来なりたい
職業について話すときに使える英語を紹介しています。
英語を見ながら、自分ならどう答えるか考えてみましょう。

HIJKL

ここから音声が
聞けるよ！

行士《こうし》）
芸人）
・vet（じゅう医）
・zookeeper（飼育員）
・actor（俳優《はいゆう》）
・artist（芸術家）
・baseball player（野球選手）
・flight attendant（客室乗務員）
・florist（花屋）
・pilot（パイロット）
・scientist（科学者）
・singer（歌手）
・soccer player（サッカー選手）
・police officer（警察官）
・baker（パン屋）
・doctor（医者）

バッチリポスター

A B C D E F G

英語6年 場面で覚える英語集

ー日課・したこと・感想ー

What did you do yesterday?
あなたは昨日何をしましたか。
I enjoyed camping.
わたしはキャンプを楽しみました。
I sometimes wat
わたしはときどきテレビを見ます。
I made dinner.
わたしは晩《ばん》ご飯を作りました。
I went to Osaka.
わたしは大阪へ行きました。

動作を表す英語

- get up（起きる）
- go to school（学校に行く）
- go to bed（ねる）
- take a bath（ふろに入る）
- do my homework（宿題をする）
- watch TV（テレビを見る）
- brush my teeth（歯をみがく）
- go home（家に帰る）
- take out the garbage（ごみを

教科書ぴったりトレーニング 英語 6年 折込②(オモテ)

\\ 音声クイズつき! //

イラストでおぼえる 英語カード 6年

右のQRコードから、
音声を聞くことができます。

1 job

☐ actor

2 job

☐ artist

3 job

☐ astronaut

4 job

☐ baker

5 job

☐ baseball player

6 job

☐ comedian

7 job

☐ doctor

8 job

☐ farmer

9 job

☐ flight attendant

10 job

☐ florist

11 job

☐ nurse

12 job

☐ pilot

13 job

☐ police officer

14 job

☐ scientist

使い方

❶音声を聞いて、英語を読んでみましょう。イラストと合わせて覚えましょう。

❷日本語とイラストを見て、英語を言えるか確認《かくにん》してみましょう。

❸音声クイズを聞いて、答えのカードを探《さが》してみましょう。

1 職業

□ 俳優《はいゆう》

2 職業

□ 芸術家

3 職業

□ 宇宙飛行士《うちゅうひこうし》

4 職業

□ パン屋

5 職業

□ 野球選手

6 職業

□ お笑い芸人

7 職業

□ 医者

8 職業

□ 農場主

9 職業

□ 客室乗務員

10 職業

□ 花屋

11 職業

□ 看護師《かんごし》

12 職業

□ パイロット

13 職業

□ 警察官《けいさつかん》

14 職業

□ 科学者

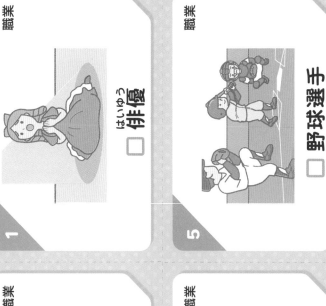

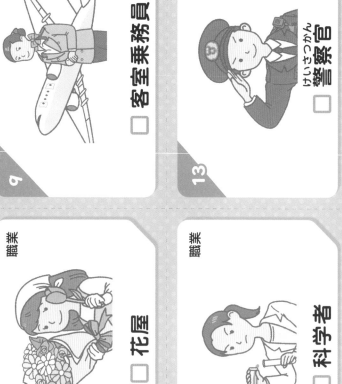

15 job

☐ singer

16 job

☐ soccer player

17 job

☐ teacher

18 job

☐ vet

19 job

☐ zookeeper

20 animal

☐ bird

21 animal

☐ chicken

22 animal

☐ dolphin

23 animal

☐ elephant

24 animal

☐ frog

25 animal

☐ giraffe

26 animal

☐ koala

27 animal

☐ monkey

28 animal

☐ mouse

29 animal

☐ octopus

30 animal

☐ panda

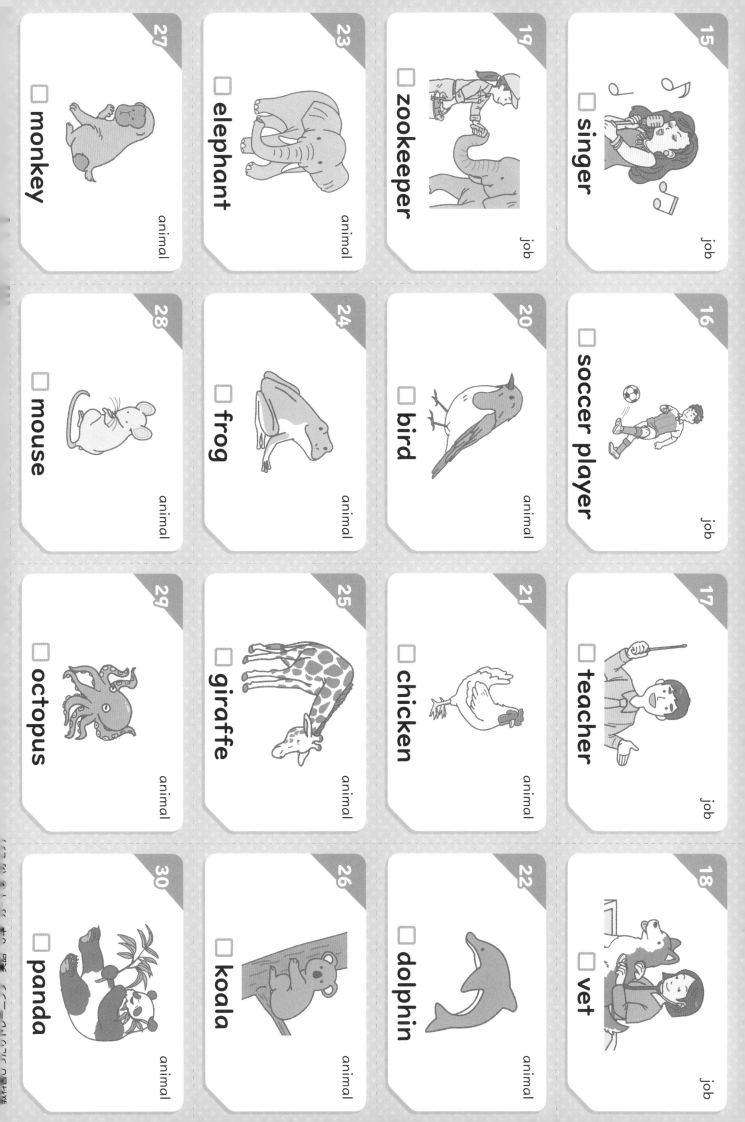

15 職業

□ 歌手

16 職業

□ サッカー選手

17 職業

□ 先生

18 職業

□ 獣医《じゅうい》

19 職業

□ 動物園の飼育員

20 動物

□ 鳥

21 動物

□ ニワトリ

22 動物

□ イルカ

23 動物

□ ゾウ

24 動物

□ カエル

25 動物

□ キリン

26 動物

□ コアラ

27 動物

□ サル

28 動物

□ ネズミ

29 動物

□ タコ

30 動物

□ パンダ

31 animal

□ penguin

32 animal

□ pig

33 animal

□ snake

34 animal

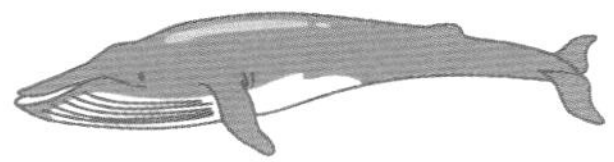

□ whale

35 club activity

□ art club

36 club activity

□ badminton team

37 club activity

□ baseball team

38 club activity

□ basketball team

39 club activity

□ brass band

40 club activity

□ chorus

41 club activity

□ drama club

42 club activity

□ soccer team

43 club activity

□ tennis team

44 club activity

□ volleyball team

45 event

□ Children's Day

46 event

□ drama festival

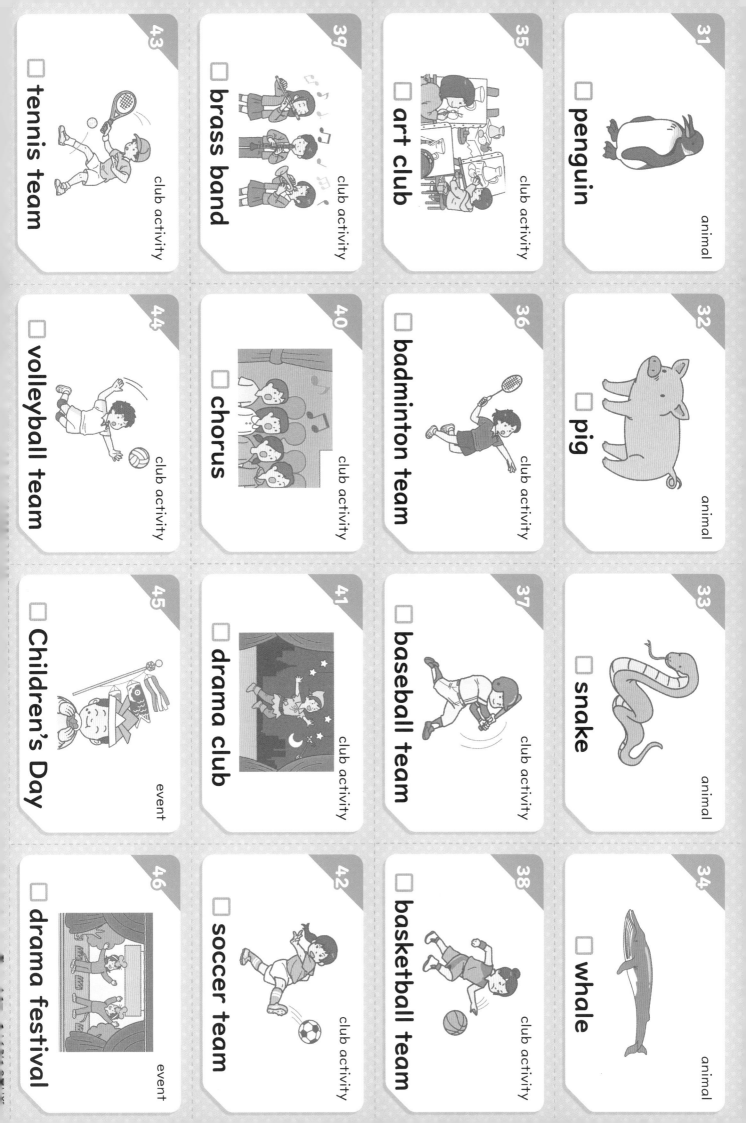

34 動物

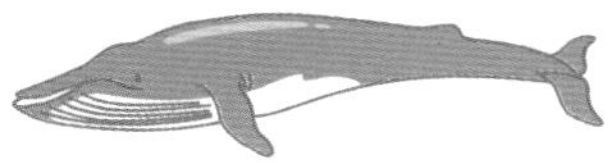

□ クジラ

33 動物

□ ヘビ

32 動物

□ ブタ

31 動物

□ ペンギン

38 部活動

□ バスケットボール部

37 部活動

□ 野球部

36 部活動

□ バドミントン部

35 部活動

□ 美術部

42 部活動

□ サッカー部

41 部活動

□ 演劇《えんげき》部《ぶ》

40 部活動

□ 合唱部

39 部活動

□ 吹奏楽《すいそうがく》部《ぶ》

46 行事

□ 学芸会

45 行事

□ こどもの日

44 部活動

□ バレーボール部

43 部活動

□ テニス部

47 event

□ entrance ceremony

48 event

□ field trip

49 event

□ graduation ceremony

50 event

□ music festival

51 event

□ New Year's Day

52 event

□ New Year's Eve

53 event

□ school trip

54 event

□ sports day

55 event

□ Star Festival

56 event

□ swimming meet

57 event

□ volunteer day

58 nature

□ beach

59 nature

□ lake

60 nature

□ mountain

61 nature

□ river

62 nature

□ sea

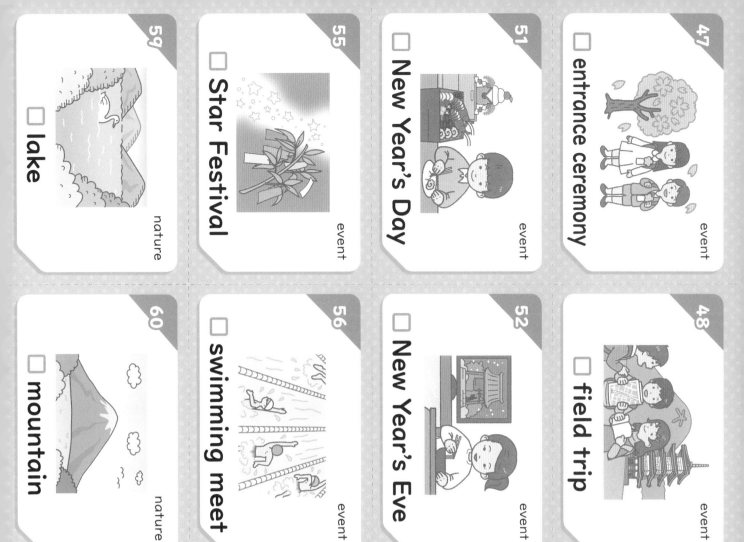

47
行事

□ 入学式

48
行事

□ 遠足

49
行事

□ 卒業式

50
行事

□ 音楽祭

51
行事

□ 元日

52
行事

□ 大みそか

53
行事

□ 修学旅行

54
行事

□ 運動会

55
行事

□ 七夕

56
行事

□ 水泳《すいえい》競《きょう》技《ぎ》会《かい》

57
行事

□ ボランティアの日

58
自然

□ ビーチ

59
自然

□ 湖

60
自然

□ 山

61
自然

□ 川

62
自然

□ 海

63 country

☐ Australia

64 country

☐ Brazil

65 country

☐ Canada

66 country

☐ China

67 country

☐ Egypt

68 country

☐ France

69 country

☐ Germany

70 country

☐ India

71 country

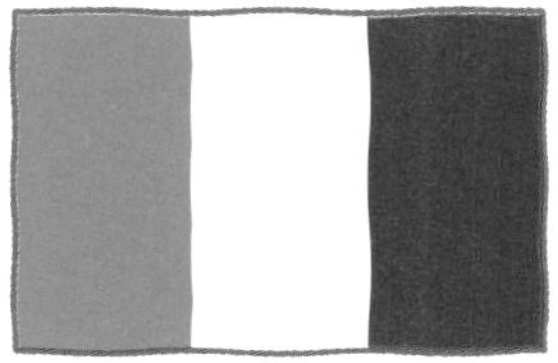

☐ Italy

72 country

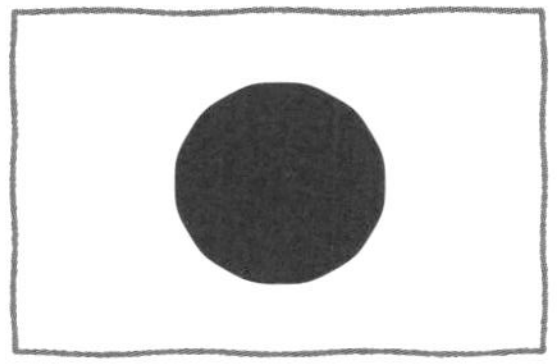

☐ Japan

73 country

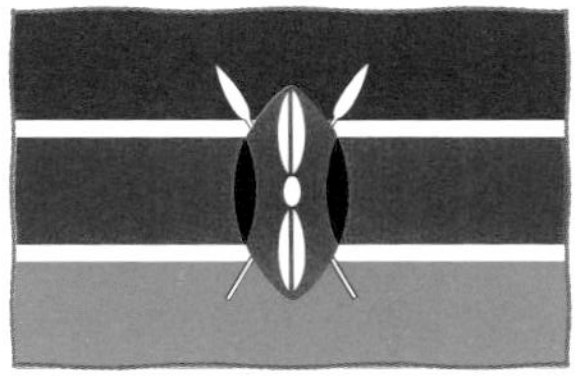

☐ Kenya

74 country

☐ Korea

75 country

☐ Peru

76 country

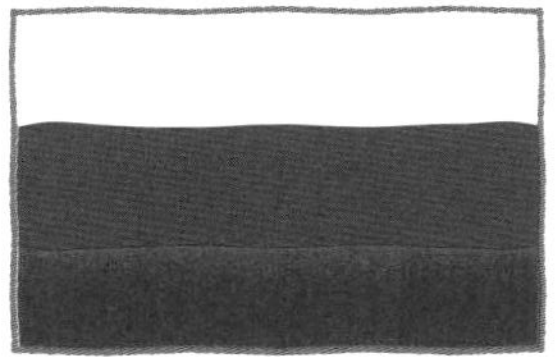

☐ Russia

77 country

☐ Spain

78 country

☐ Thailand

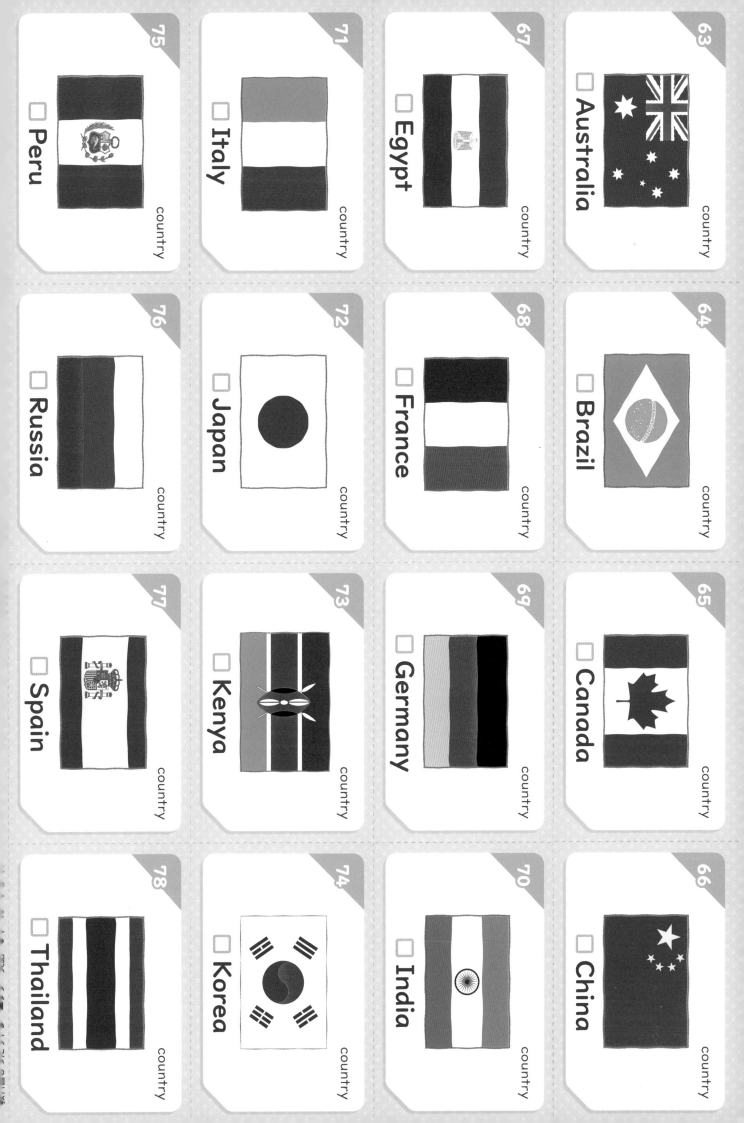

63

国

□ オーストラリア

64

国

□ ブラジル

65

国

□ カナダ

66

国

□ 中国

67

国

□ エジプト

68

国

□ フランス

69

国

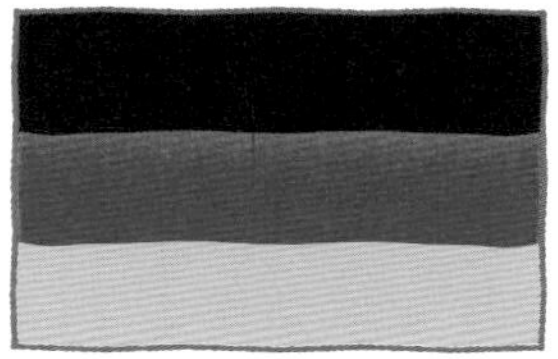

□ ドイツ

70

国

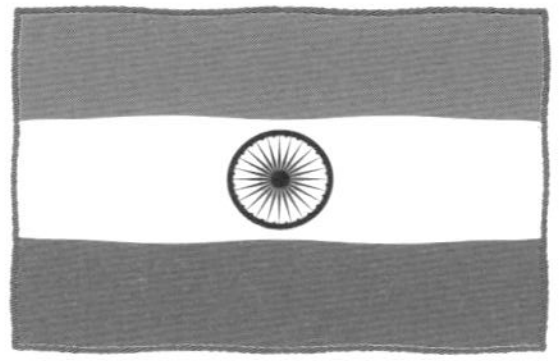

□ インド

71

国

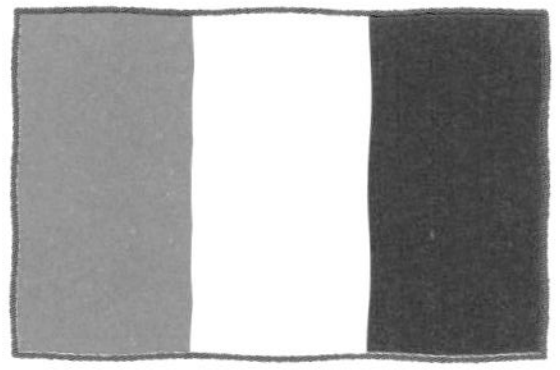

□ イタリア

72

国

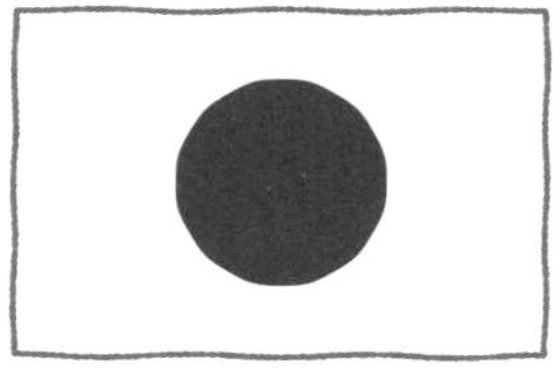

□ 日本

73

国

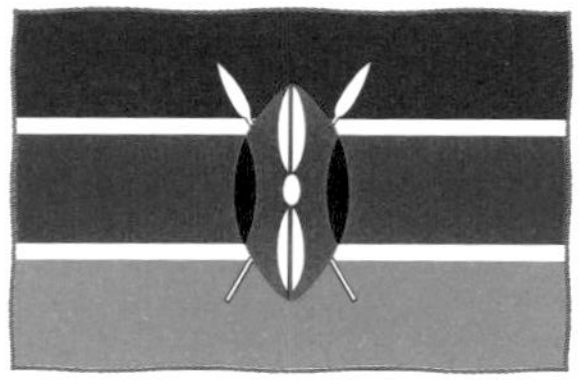

□ ケニア

74

国

□ 韓国《かんこく》

75

国

□ ペルー

76

国

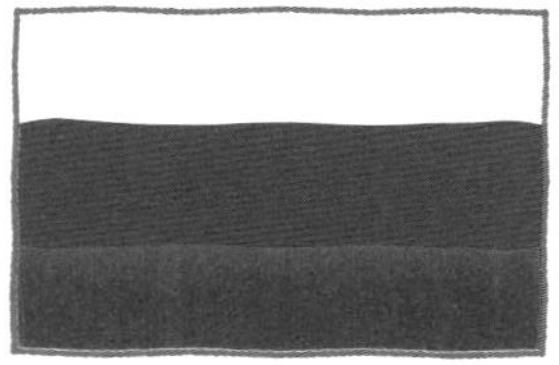

□ ロシア

77

国

□ スペイン

78

国

□ タイ

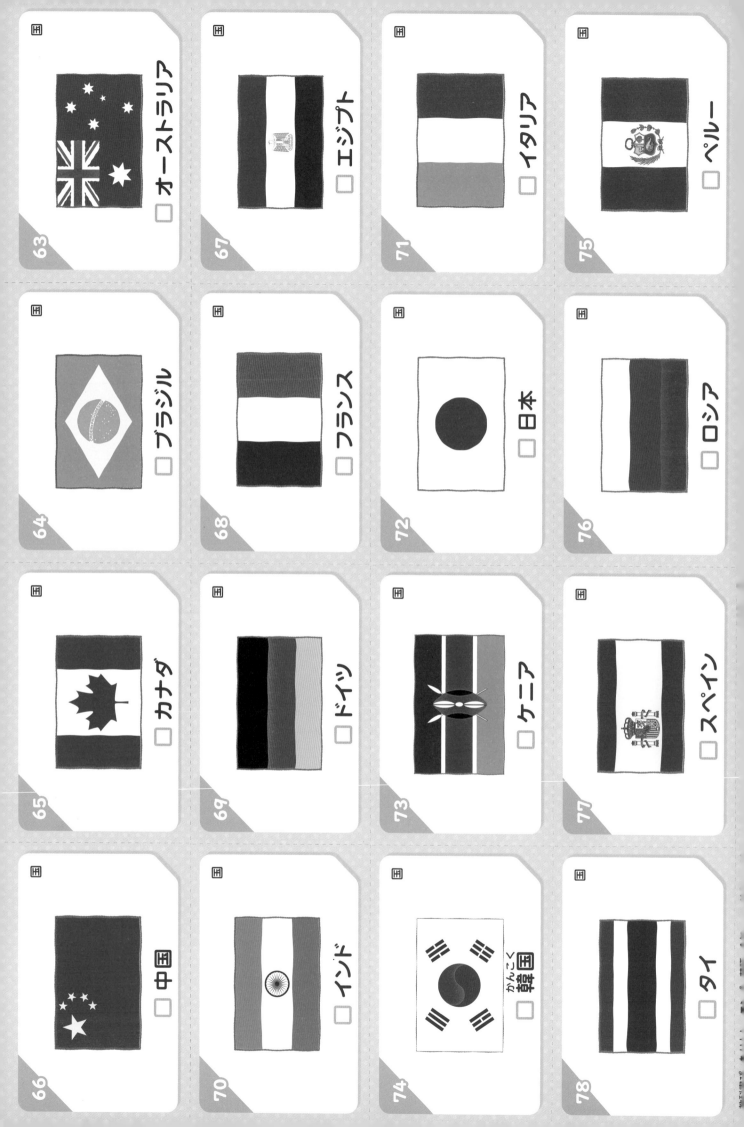

79 country

☐ the Philippines

80 food

☐ apple

81 food

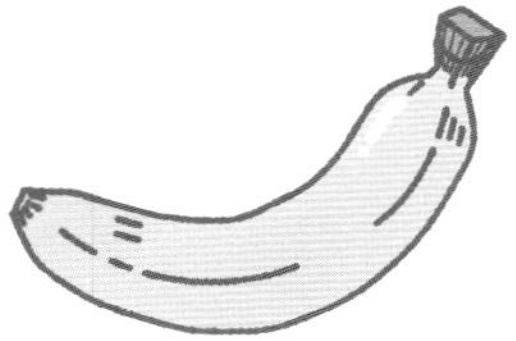

☐ banana

82 food

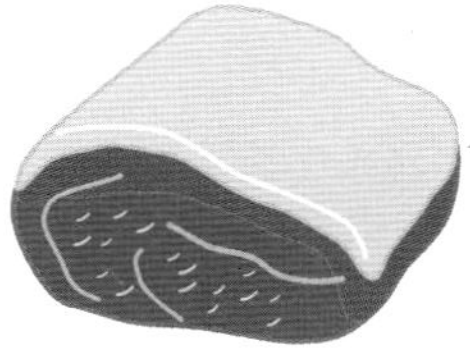

☐ beef

83 food

☐ cabbage

84 food

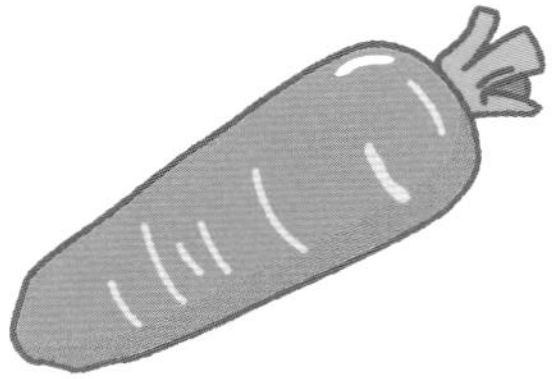

☐ carrot

85 food

☐ cheese

86 food

☐ cherry

87 food

☐ corn

88 food

☐ egg

89 food

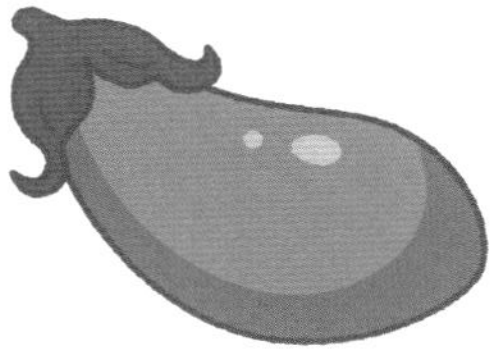

☐ eggplant

90 food

☐ grapes

91 food

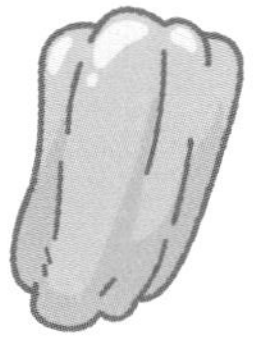

☐ green pepper

92 food

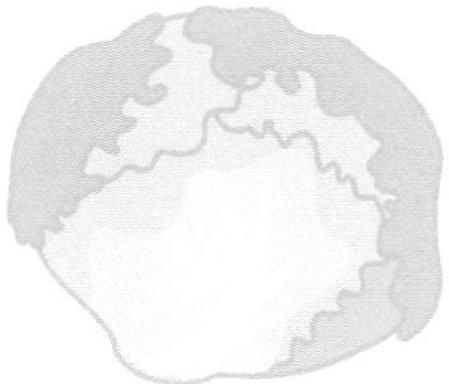

☐ lettuce

93 food

☐ melon

94 food

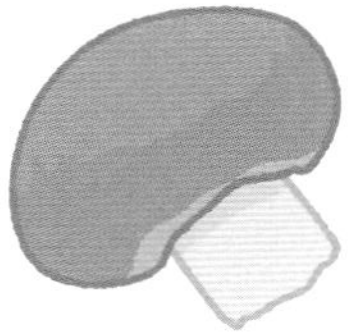

☐ mushroom

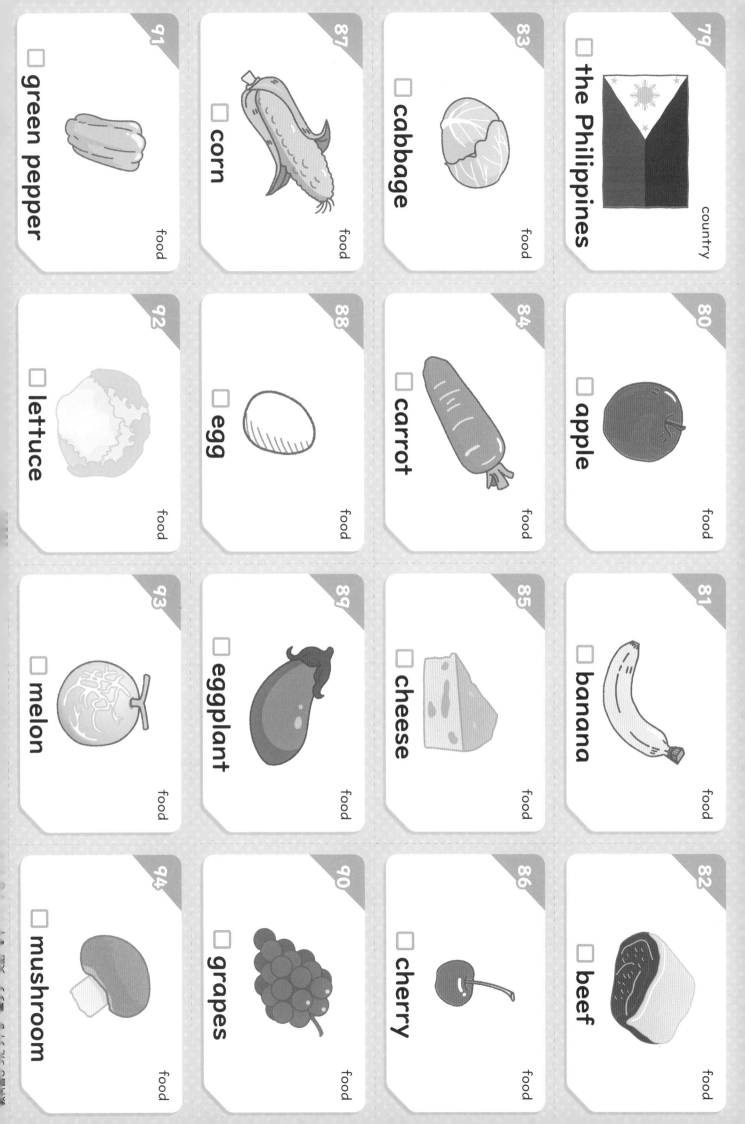

79 国

□ フィリピン

80 食べ物

□ リンゴ

81 食べ物

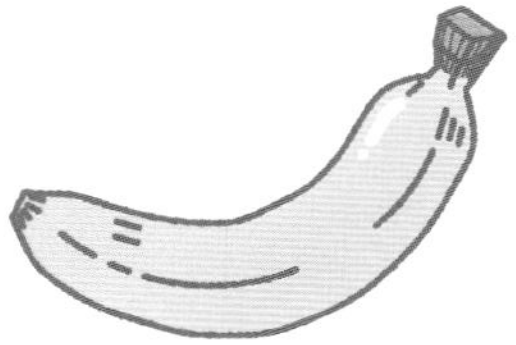

□ バナナ

82 食べ物

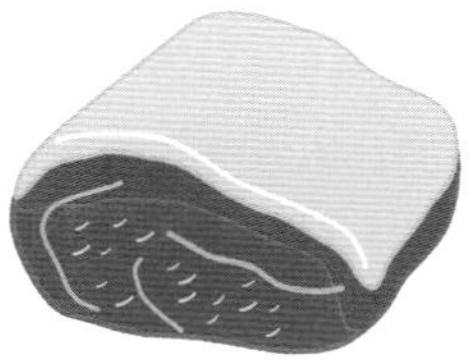

□ 牛肉

83 食べ物

□ キャベツ

84 食べ物

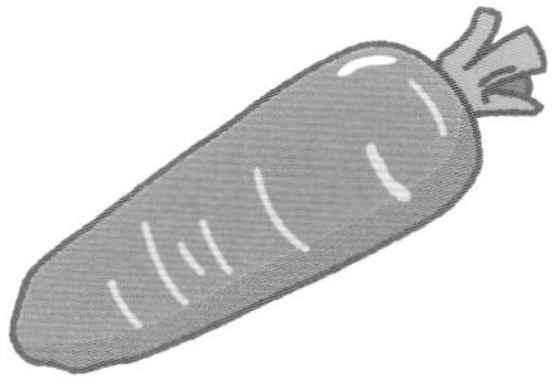

□ ニンジン

85 食べ物

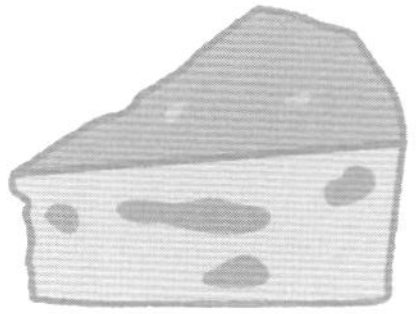

□ チーズ

86 食べ物

□ サクランボ

87 食べ物

□ トウモロコシ

88 食べ物

□ 卵《たまご》

89 食べ物

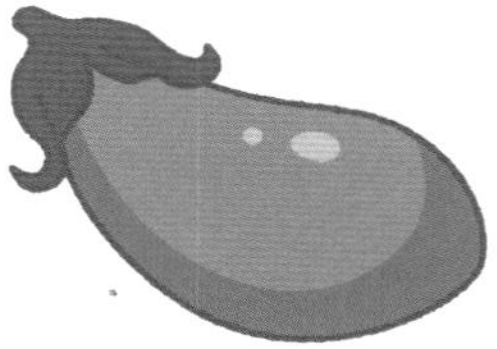

□ ナス

90 食べ物

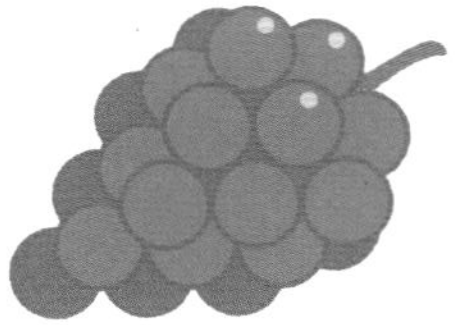

□ ブドウ

91 食べ物

□ ピーマン

92 食べ物

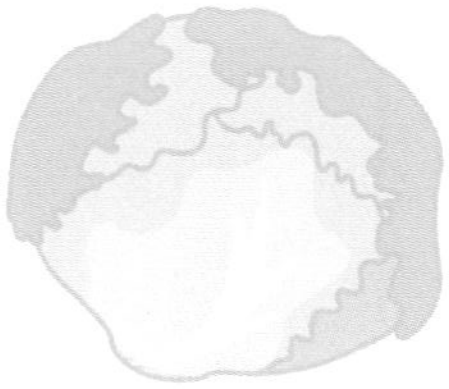

□ レタス

93 食べ物

□ メロン

94 食べ物

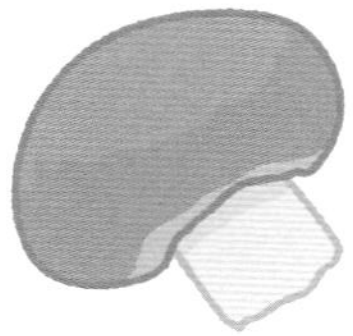

□ キノコ

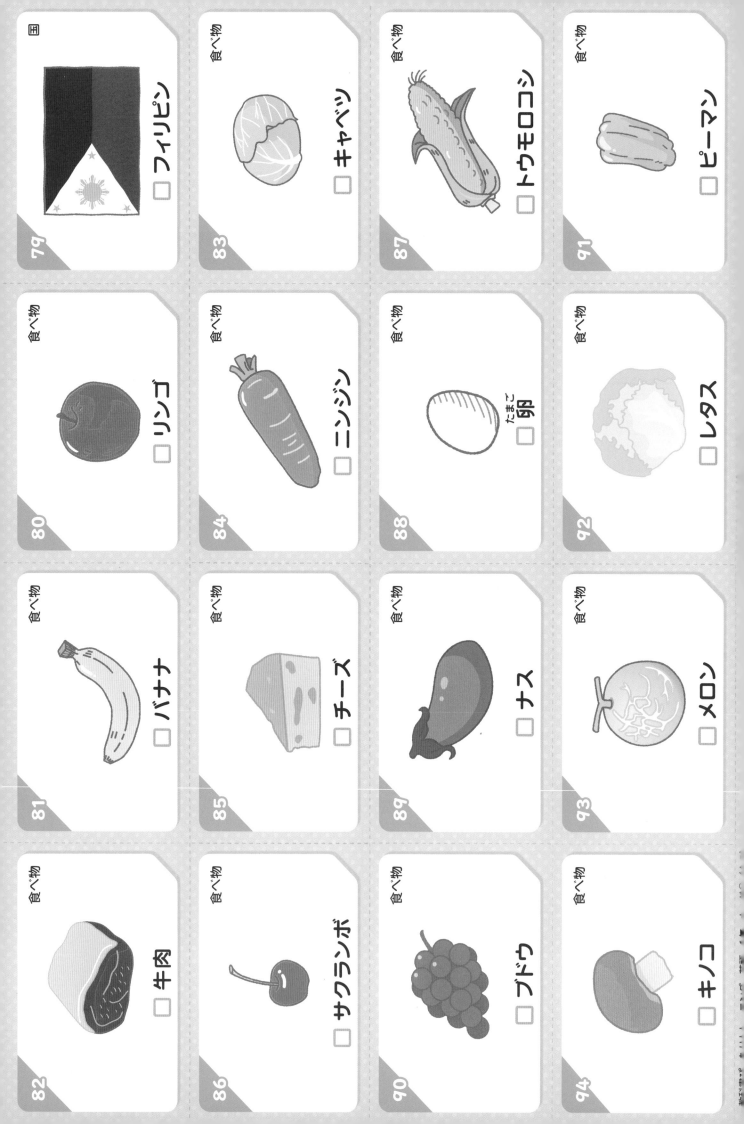

95 food

☐ onion

96 food

☐ orange

97 food

☐ peach

98 food

☐ pineapple

99 food

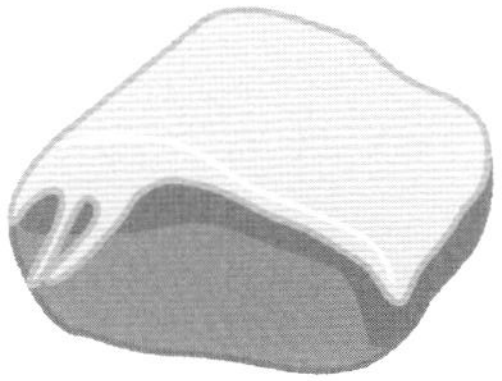

☐ pork

100 food

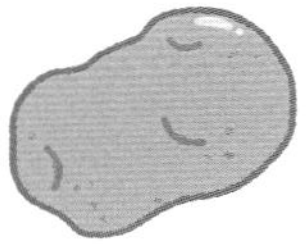

☐ potato

101 food

☐ spinach

102 food

☐ strawberry

103 food

☐ tomato

104 food

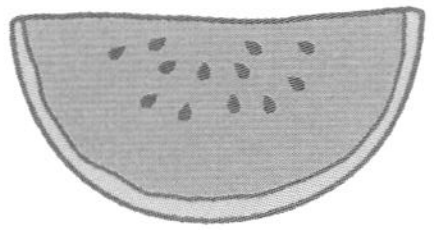

☐ watermelon

105 action

☐ buy

106 action

☐ clean

107 action

☐ cook

108 action

☐ dance

109 action

☐ drink

110 action

☐ eat

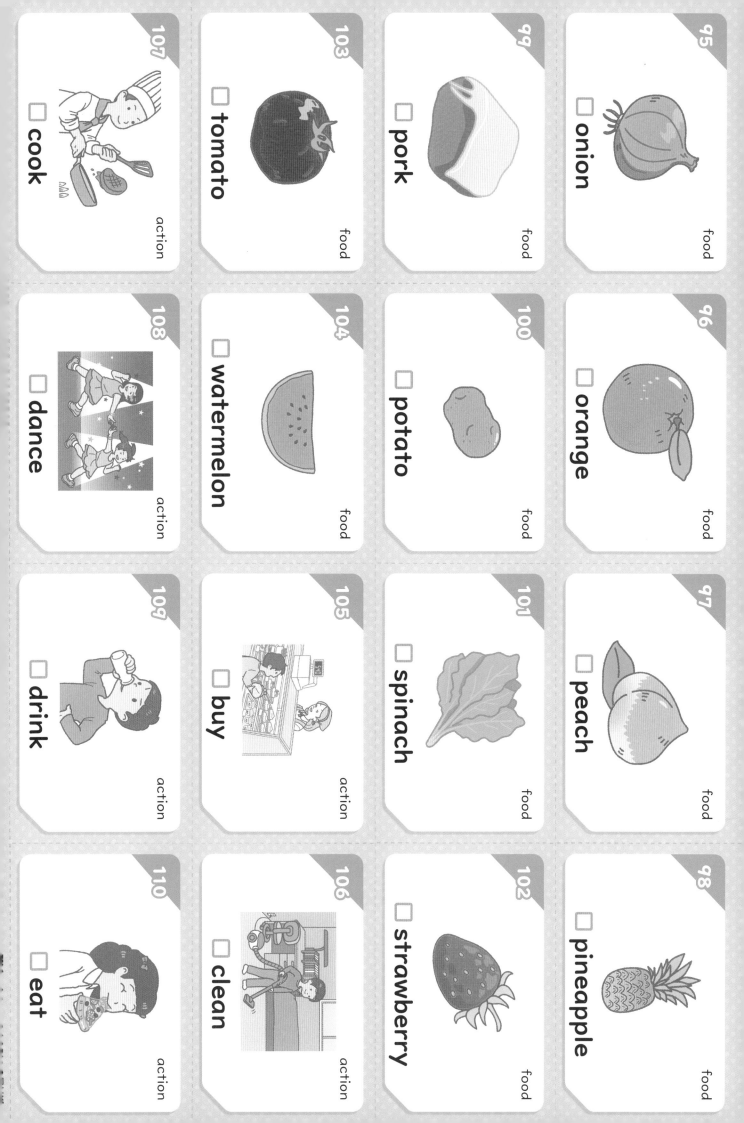

95
食べ物

□ タマネギ

96
食べ物

□ オレンジ

97
食べ物

□ モモ

98
食べ物

□ パイナップル

99
食べ物
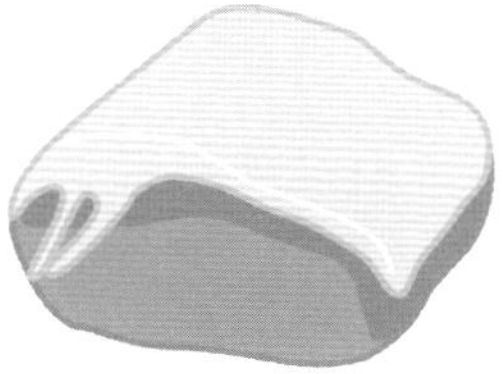
□ ぶた肉

100
食べ物
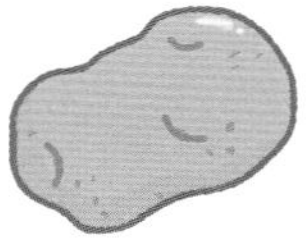
□ ジャガイモ

101
食べ物

□ ホウレンソウ

102
食べ物

□ イチゴ

103
食べ物

□ トマト

104
食べ物
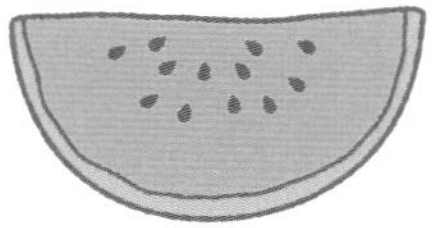
□ スイカ

105
動作

□ 買う

106
動作

□ そうじをする

107
動作

□ 料理をする

108
動作

□ おどる

109
動作

□ 飲む

110
動作

□ 食べる

111 action

☐ fly

112 action

☐ get

113 action

☐ help

114 action

☐ make

115 action

☐ read

116 action

☐ ride

117 action

☐ run

118 action

☐ see

119 action

☐ sing

120 action

☐ speak

121 action

☐ study

122 action

☐ swim

123 action

☐ talk

124 action

☐ visit

125 action

☐ walk

126 action

☐ watch

111
動作

□ 飛ぶ

112
動作

□ 手に入れる

113
動作

□ 手伝う

114
動作

□ 作る

115
動作

□ 読む

116
動作

□ 乗る

117
動作

□ 走る

118
動作

□ 見る

119
動作

□ 歌う

120
動作

□ （言語を） 話す

121
動作

□ 勉強する

122
動作

□ 泳ぐ

123
動作

□ 話す

124
動作

□ 訪《たず》ねる

125
動作

□ 歩く

126
動作

□ （テレビなどを） 見る